数字化时代下的
高校实验室管理

赖 力○著

西南财经大学出版社
Southwestern University of Finance & Economics Press
中国·成都

图书在版编目(CIP)数据

数字化时代下的高校实验室管理/赖力著.--成都:
西南财经大学出版社,2024.8.--ISBN 978-7-5504-6371-4
Ⅰ.G642.423

中国国家版本馆 CIP 数据核字第 2024NA3252 号

数字化时代下的高校实验室管理
SHUZIHUA SHIDAIXIA DE GAOXIAO SHIYANSHI GUANLI
赖力 著

策划编辑:何春梅
责任编辑:李 才
助理编辑:陈进栩
责任校对:邓嘉玲
封面设计:何东琳设计工作室
责任印制:朱曼丽

出版发行	西南财经大学出版社(四川省成都市光华村街55号)
网 址	http://cbs.swufe.edu.cn
电子邮件	bookcj@swufe.edu.cn
邮政编码	610074
电 话	028-87353785
照 排	四川胜翔数码印务设计有限公司
印 刷	四川五洲彩印有限责任公司
成品尺寸	170 mm×240 mm
印 张	9.75
字 数	129 千字
版 次	2024 年 8 月第 1 版
印 次	2024 年 8 月第 1 次印刷
书 号	ISBN 978-7-5504-6371-4
定 价	58.00 元

前　言

　　随着经济全球化，数字化转型已经深刻影响了各行各业。从企业到教育机构，从政府到非营利组织，数字技术的广泛应用正在重新定义传统的运作模式和交互方式。在数字化浪潮的推动下，高等教育领域特别是高校实验室管理正在经历一场深刻的变革。在这场变革中，高校实验室面临着前所未有的机遇与挑战。

　　高校实验室是教学和科研的重要前沿阵地，其管理的现代化水平、信息化水平直接关系到教育质量和科研效率的提升。传统的实验室管理方法在现代科研教育需求面前显得力不从心，这亟需一种系统的、科学的更新方法来提升其效率和效果。

　　数字化时代下，高校实验室管理将更多地依赖于先进的信息技术，如大数据分析、人工智能、物联网等，以便提升管理效率、保证研究安全、促进科研创新。如何将最新的数字化技术应用于实验室管理，以解决当前面临的种种挑战，成为高校实验室管理迫切需要探索和研究的重要问题。

　　《数字化时代下的高校实验室管理》围绕数字化管理的核心要素，深入探讨数字化变革过程中的机遇与挑战，并提供实际的管理策略，以期帮助高校实验室更好地适应数字化转型。

第一，本书探讨了数字化转型的全球趋势，指出这一转型不仅是技术的革新，更是一场涵盖政策、文化和经济多个层面的社会变革。数字化转型对高等教育产生了深刻的影响，也给高校实验室管理带来了新挑战和新机遇。随后，本书梳理出近十多年我国出台的相关政策和法规，由这些政策法规共同构成了我国高校数字化转型的政策框架，让读者了解高校实验室数字化管理的政策支持和法律依据，了解数字化转型未来发展的方向和重点。

第二，本书介绍了高校实验室管理的概念和高校实验室日常运行与管理的主要任务。书中阐述了高校实验室管理在传统模式下的操作以及在传统模式下出现的管理效率低下、数据管理不精确、安全和合规性问题以及资源利用不充分等问题。这些问题凸显了现有管理方式难以满足现代科研和教育的需求。随后，本书通过多个方面论证了数字化转型的必要性，强调了通过引入自动化流程、集成数据管理系统、实时监控技术以及先进的数据分析和虚拟仿真工具，可以极大提升管理效率、数据准确性、安全标准和研究质量。

第三，在数字化快速发展的背景下，构建一个高效、灵活的信息化平台对高校实验室的管理至关重要。本书向读者阐述了高校实验室信息化平台的概念及内涵，介绍了我国高校实验室信息化平台建设的现状。随后，详细探讨高校实验室信息化平台的构建，包括平台的技术架构、关键功能模块的设计及实施过程中可能遇到的挑战，让读者了解如何设计、部署和维护高校实验室信息化平台。针对可能遇到的技术和管理的挑战提供现代化的解决方案，帮助高校实验室在科研和教学中实现更大的效益和影响力。

第四，在现代高校实验室的运营中，数据的处理和应用已成为提高管理效率和科研质量的关键因素。本书探讨了高校实验室管理中数据的收集、分析以及如何确保数据的安全与隐私保护三个关键问题，让读者对如何有效管理实验室数据获得较深入的认识，并了解数据处理在现代实验室管理中的核心作用和应用前景，也为实验室管理人员提供了一套全面的数据管理和安全保护策略。

第五，实验室设备是保障专业实验教学、科学研究的关键物质基础。高校实验室设备管理是一个复杂的过程，涵盖了从设备的采购、使用到维护和最终报废的全生命周期。本书介绍了高校实验室设备管理概述和我国高校实验室设备管理现状。随后，深入探讨如何在高校实验室中实施设备的数字化登记和追踪，以及如何通过物联网技术提高设备使用的效率和安全性。

第六，在数字化时代，高校实验室任务管理的关键在于如何结合现代信息技术来优化实验教学和科研实验管理。本书通过历史回顾和现代实践的对比，展示了从文艺复兴时期到现代，实验教学是如何逐渐融入先进的数字化教学工具和理念。此外，本书阐述了科研实验从问题定义到结论总结的基本步骤，并强调了数字化工具在每一步中的应用。

第七，在高校实验室中，安全管理是维护学生、教师和研究人员安全的重要组成部分。本书讨论了数字化时代下高校实验室安全管理的重要性、常见的安全事故类型、面临的挑战和应对措施，以及如何将数字化技术应用于高校实验室的安全管理。这些内容使读者能够理解并实施现代的、系统化的实验室安全管理策略，从而有效地降低发生事故的概率，并在必要时进行有效的事故响应。

第八，在数字化时代，高校实验室不仅需要管理传统的教学和科研活动，还需要应对日益复杂的数据处理、设备自动化、信息安全等问题。因此，培养能够适应这些变化的实验室管理人才成为高校的一个重要任务。本书介绍了实验室管理人员在新时代所需的六大核心技能，并提供了相应的培训方案和资源，旨在帮助他们有效地提升这些必要的能力。

第九，本书还探讨了国内外高校在实验室管理领域的数字化创新实践。通过具体的案例分析，展示了数字化技术如何有效提升实验室的管理效率、科研产出质量以及环境与安全标准。这些成功的管理模式和创新案例为其他高校提供了可行的模板和宝贵的经验，指明了实验室管理未来的发展方向。

第十，本文提出随着数字化技术的不断进步和更广泛的应用，高校实验室管理面临着新的发展趋势和挑战，实验室管理将更加依赖于系统的集成和数据驱动的决策。同时，实验室安全和数据保护将成为未来管理中的关键挑战，需要新的策略和解决方案来确保实验室运行的安全性和数据的安全性。

赖力

2024 年 6 月于成都

目　录

第一章 引言

第一节 背景介绍

一、数字化转型的全球趋势

在过去的几十年中，全球经济和社会活动中的数字化转型已经成为一种不可逆转的趋势。全球经济和社会活动发生了前所未有的变化，其中数字化转型起到了核心的推动作用。这一转型不仅是技术的革新，更是一场涵盖政治、文化和经济多个层面的变革。商业、医疗、教育等各个领域，数字技术的广泛应用正在重新定义传统的运作模式和交互方式。根据世界经济论坛的报告，数字化不仅提升了运营效率，还增强了组织的创新能力和市场竞争力。特别是在高等教育领域，数字化转型已经从辅助教学工具的角色，转变为改变教育生态和管理模式的关键驱动力。数字技术与教育教学的融合程度已很高，并且还在加速融合。如区块链技术保障教育数据安全、ChatGPT[①] 等生成式人工智能出现、"虚拟增强现实技术+实验课程"

[①] ChatGPT 是一个由 OpenAI 开发的大型语言模型。

持续融合、元宇宙推动智慧创新发展、6G 技术促进智慧教育泛在覆盖（李鸿飞，2024）。

1. 经济结构的重塑

全球经济结构正在经历由传统制造业向以知识和信息为基础的服务经济转变。数字技术，如云计算、大数据、人工智能（AI）和物联网（IoT），成为这一变革的驱动力。例如，云计算提供了企业运营所需的灵活性和扩展性，而 AI 技术正被广泛应用于从客户服务到供应链管理全流程的各个环节。

2. 商业模式的创新

数字技术引发了商业模式的根本变革。平台经济模式，如阿里巴巴和亚马逊，彻底改变了零售业的运作方式。这些平台通过整合供应链，提供端到端的服务，从而提升效率并降低成本。同时，共享经济模型如 Uber[①]和 Airbnb[②]，展示了如何通过优化资源配置来增加价值。

3. 政策和法规的适应

随着数字技术的发展，各国政府也在积极适应这一变革，并制定相关的政策和法规来保障信息安全、数据隐私和知识产权。例如，欧盟的通用数据保护条例[③]（GDPR）是对个人数据保护最严格的法规之一，它强调了数据主体的权利和组织的责任。

4. 教育领域的深远影响

在教育领域，数字化转型不仅改变了教学方式，还重塑了知识的传播方式和获取方式。在线教育平台如 Coursera 和 edX 让优质教育资源得以跨越地域限制，大幅提升了教育的可达性和灵活性。此外，数字化工具和资

---

① Uber 是一家美国科技公司。
② Airbnb 是一家在线市场和住宿服务公司。
③ 通用数据保护条例（general data protection regulation，简称 GDPR）是欧盟秉着"顾客优先"的态度出台的个人数据保护新规。

源也在推动教育公平，偏远地区和不发达国家的学生也能享受到高质量的教育资源。张蔚蔚（2024）指出数字化学习广泛的应用和推广，推动教育行业重新定义了学习体验、个性化的教学，并且更好管理各个年龄段学生的行为和表现。

5. 高等教育管理的转型

高等教育机构正在逐步实现管理的数字化，以应对日益复杂的教学和科研需求。数字化管理系统不仅提高了教育机构的运营效率，也提升了决策的数据驱动性。例如，通过实施全面的学生信息系统和研究管理平台，高校能够更有效地管理学生信息、财务数据以及科研项目。

二、数字化对高等教育的影响

数字化转型对高等教育的影响主要体现在教学模式的变革、管理效率的提升、校园文化的数字化 3 个方面。

1. 教学模式的变革

网络和数字媒体的应用使得远程教学和在线课程成为可能，极大地扩展了教育的时空界限。此外，数字工具如虚拟现实（VR）和增强现实（AR）技术的引入，为实验和实践课程提供了全新的交互体验。王海英（2007）提出数字化教育使得课堂容量大大增加，学习内容有形有声有色，具有较强的直观性，能够引导学生直观地认识事物的发展规律和本质属性。教师的授课方式推陈出新，学生的视野不断拓宽，对提高日常教学时效无疑能起到非常重要的促进作用。数字化教育使学生地位由被动的知识接受者转变为主动的知识建构者，每一位学生都可以根据自己的学习特点，在自己方便的时间按照适合于自己的方式和速度进行学习，充分实现了个性化学习。

2. 管理效率的提升

高校运用信息系统对学生信息管理、财务管理、资产管理等进行数字化处理，极大提升了管理的效率和透明度。例如，通过集成的教务系统，学校可以更有效地进行课程管理、成绩管理和学籍管理。

3. 校园文化的数字化

数字化促进了校园文化的多样化表达。社交媒体和数字平台让学生和教职工的互动更为频繁，增强了校园社区的凝聚力。

数字化转型为高等教育带来的这些变化，既提升了教学和研究的质量，也对高校管理提出了新的要求和挑战，特别是在实验室管理这一关键领域。高校实验室作为科研和教学的重要基地，其管理的现代化与信息化水平直接影响到教育质量和科研效率。因此，高校实验室管理在数字化转型的大背景下迎来了前所未有的发展机遇与挑战。

后续章节将详细探讨高校实验室在这一转型中的具体实践，包括信息化平台的建设、设备管理、数据处理及人才培养等方面的创新与应用。

第二节　数字化时代给高校实验室管理带来的挑战和机遇

纵观实验室的发展历史，可以发现实验室在社会发展中具有重要的地位和作用。首先，实验室是开展实验研究的重要基地；其次，实验室是进行实验教学、培养创新人才的基本场所；再次，实验室是进行科学技术创新开发的前沿阵地；最后，实验室是培养严谨求实的科学态度和认真负责的工作作风的重要场所。

随着数字化时代的到来，高校实验室管理面临着一系列的挑战和机遇。这些变化不仅影响了实验室的日常运作，也对管理策略和教育方法提出了新的要求。

一、挑战

数字技术可以用更低成本为更多人提供更具个性化的教育，但技术却无法突破教育隐性的围墙，这堵围墙是制度、习惯等集结而成的历史产物。当下技术引发了社会的深刻变革，但依旧游走于学校边缘，这从侧面反映出现有教育制度与技术创新的不协调。面对可自我学习和自我进化的人工智能带来的巨大冲击，教育数字化转型并引领高等教育现代化迫在眉睫。

（1）技术更新的快速性。随着科技的迅猛发展，实验室所需的技术和设备更新换代速度加快。高校需要不断投资新技术，以保持研究的前沿性和教学的现代性。这不仅包括显著的资金投入，还包括教职工和学生的持续培训。

（2）数据管理与安全。实验室生成的数据量日益增加，如何有效管理和保护这些数据成为一大挑战。这意味着需要实施严格的数据安全措施和隐私保护政策，尤其是在涉及敏感或个人信息时。

（3）资源优化与整合。高校实验室往往面临资源有限的问题，如何优化现有资源，实现设备共享、空间利用和资金使用的最优化，是管理者需要解决的难题。

（4）跨学科合作的复杂性。数字化推动了学科间的融合，实验室管理也必须适应跨学科研究的需求。这要求管理者不仅要有宽广的专业知识，还要有良好的协调和沟通能力。

二、机遇

数字时代的技术领跑态势催生了诸多领域的颠覆性创新，推动了社会第二次现代化进程，也加速推进了高等教育现代化。数字制造和"工业4.0"① 正在改变资本投资和劳动力投资的相对盈利能力，这种带着技术偏好的经济变革引发的人力资本新需求已经成为未来就业讨论的中心议题。高等教育机构必须开拓新的道路来突破已滞后的人才培养格局和服务方式，使高等教育变得更加开放、多元、全纳和终身化，这是数字时代高等教育现代化的重要方向。

（1）效率和透明度的提升。数字化管理系统可以极大提升实验室的运营效率和透明度。例如，实现实验室预约系统的自动化、设备使用的追踪日志和维护日志的数字化，可以简化管理流程，减少人为失误。

（2）远程访问和协作的便利性。云计算和网络技术的发展使得远程访问实验室设备和数据成为可能。这不仅扩展了实验室的工作模式，还促进了国际合作和远程教学。

（3）个性化教育与研究的推动。数据分析和机器学习技术的应用可以帮助教师和研究者更好地理解学生和实验数据，推动个性化教育和精准科研。

（4）创新与可持续发展。数字技术的应用为实验室管理带来创新的机会，如利用虚拟现实进行危险实验的模拟，减少实际操作的风险和成本。同时，数字化也支持绿色实验室的构建，促进环境的可持续发展。

通过深入分析这些挑战与机遇，高校实验室管理者可以更好地制定策略，以应对数字化时代的需求。这不仅涉及技术和设备的更新，还包括对

---

① 工业4.0是德国政府提出的一个概念，旨在推动制造业向数字化、智能化方向发展。

人才培养、资源配置和政策制定等方面的全面考量。后续章节将详细探讨如何利用这些机遇推动高校实验室管理向更高效、更安全、更创新的方向发展。

第三节 政策环境

党的二十大报告从实施科教兴国战略，强化现代化建设人才支撑的角度提出：教育、科技、人才是全面建设社会主义现代化国家的基础性、战略性支撑。必须坚持科技是第一生产力、人才是第一资源、创新是第一动力，深入实施科教兴国战略、人才强国战略、创新驱动发展战略，开辟发展新领域新赛道，不断塑造发展新动能新优势。随着数字化转型的全球趋势深入发展，我国政府高度重视高等教育领域的数字化进程，并通过一系列政策和法规来推动和规范高校的数字化转型。这些政策不仅旨在提升教育质量和效率，还着眼于培养符合未来社会需求的人才。

我国高度重视教育信息化发展，尤其重视信息化基础设施建设、提升教师信息化素养、推进信息化教学变革，基本形成了多层次教育信息化政策体系，为教育数字化发展奠定了良好的政策基础（薛二勇 等，2023）。

近十多年，我国教育部在教育数字化改革方面制定了相关政策，推动我国教育数字化转型，以实现教育现代化。

（1）《教育信息化十年发展规划（2011—2020）》

该规划是 2012 年由中国教育部发布的长远发展计划，目的是全面推动教育信息化，实现教育现代化。该规划明确了教育信息化的发展目标、主要任务和支持措施，强调了建设数字化校园、发展在线教育资源，以及提高教育管理的信息化水平（教育部，2012）。

（2）《教育信息化2.0行动计划》

继第一阶段教育信息化建设之后，2018年教育部发布了"教育信息化2.0行动计划"，进一步推动教育领域的深度数字化。该计划强调智慧教育的实践，推广大数据、人工智能等现代信息技术在教育教学、管理和决策中的应用，以及促进教育资源的均衡配置（教育部，2018）。

（3）《国家中长期教育改革和发展规划纲要（2010—2020年）》

该规划于2010年颁布，纲要为中国教育的未来十年发展设定了明确方向和政策目标，其中包括了加强教育技术设施建设、提升教育信息化水平，以及通过技术改革教育教学和管理方法（教育部，2010）。

（4）高等教育质量和教学改革项目

2011年启动的该项目专注于利用信息技术提升高等教育质量，开设在线课程和远程学习项目，更新教学内容和方法，促进学生批判性思维和创新能力的培养。

（5）《关于进一步加强高校实践育人工作的若干意见》

教育部等部门在2012年发布的《关于进一步加强高校实践育人工作的若干意见》，旨在提升大学生的实践能力和创新能力。文件特别提到加强现代信息技术在实践教学中的应用，逐步提高开设设计性、综合性、研究性和创新性实验的比例（教育部，2012）。

（6）"互联网+"教育行动计划

此计划由教育部等部委联合发布，于2015年启动，旨在利用互联网技术优化教育资源配置，提升教育服务质量。计划中提出，通过建设在线教育平台、开发智能教学系统，以及实施远程教育项目，来实现教育的现代化和国际化。

（7）《促进大数据发展的行动纲要》

在 2015 年颁布的此纲要中，教育领域被指定为大数据应用的关键领域之一，强调利用大数据技术优化教育资源配置，提高教育决策的科学性和教育服务的个性化水平（国务院，2015）。

（8）《新一代人工智能发展规划》

此规划发布于 2017 年，涉及人工智能技术在教育领域的应用，包括智能教学、智能管理等。政府鼓励高校利用人工智能创新教育教学和管理，推动教育信息化向更高级阶段的发展（国务院，2017）。

（9）《中国教育现代化 2035》

该文件由中共中央、国务院于 2019 年发布，明确提出了教育现代化的总体目标、重点任务和保障措施。特别强调加快教育信息化建设，发展智慧教育，构建覆盖全学段、全学科的在线学习平台，以及推动开放大学和虚拟实验室的建设（国务院，2019）。

（10）教育数字化行动战略

2022 年教育部提出要实施教育数字化战略行动，积极发展"互联网+"教育，改进课堂教学模式和学生评价方式，构建基于数据的教育治理新模式，加快推进教育数字化转型和智能升级。基于以人工智能、大数据、物联网、云计算为代表的数字技术与教育教学的深度融合，推动实现教育的数字化，这成为新时代教育信息化发展的新内涵。

这些政策共同构成了我国高校数字化转型的政策框架，不仅为高校实验室的数字化管理提供了政策支持，也明确了未来发展的方向和重点。通过实施这些政策，为实验室管理的现代化提供了坚实的基础。

第四节　小结

　　本章探讨了数字化转型的趋势以及这一转型对高等教育特别是实验室管理的影响，分析了这一转型带来的挑战与机遇，并详细介绍了我国在推动高校数字化转型方面所出台的相关政策。随着读者对数字化时代的基本框架和背景有了深入了解，下一章将具体深入到数字化时代下的高校实验室管理概述。

第二章 高校实验室管理概述

第一节 实验室管理的定义

实验室管理指的是实验室内所有活动的组织、规划、监督和控制。实验室管理旨在确保实验室资源的高效使用，并达到既定的教学和研究目标。它涉及实验室环境、设备、人员和流程的管理，目的是保证实验的安全进行、数据的准确性，以及科研成果的有效性和创新性。实验室管理不仅要符合科研和教学的需求，还要遵守相关的法规政策，保障实验室人员的安全与健康。

胡征（2014）在其专著中指出实验室管理是指导人们管理实验室及其活动的一门科学，它运用自然科学、社会科学、人文科学、实验科学以及其他相关学科的原理和方法，研究实验室运行过程中各项活动的基本规律及方法。

第二节 高校实验室管理任务

高校实验室的日常运行与管理任务主要包括实验室设备管理、实验室数据管理、实验室任务管理、实验室安全管理、实验室人才管理等。

1. 高校实验室设备管理

高校实验室设备管理即管理实验室的物理资源，包括实验设备、仪器、化学品、生物材料等，要确保这些资源的合理配置和高效使用。还要负责实验室资金的预算和支出，进行成本效益分析，确保资源在有限的财政条件下得到最好地利用。

2. 高校实验室数据管理

高校实验室数据管理即管理实验数据的记录、存储和分析，确保数据的可靠性和可访问性。这些数据包括实验室管理基本信息、实验教学基本信息、实验队伍基本信息、科研实验基本信息、设备仪器基本信息等。

3. 高校实验室任务管理

高校实验室任务管理可以分为教学实验任务管理、科研实验任务管理。实验室支持教学活动，包括课程设计、实验教材的准备和实验室课程的实施；同时也支持科研项目的开展，为其提供必要的技术和管理支持，帮助科研人员申请资金、管理项目进度。

4. 高校实验室安全管理

高校实验室安全管理需要制定和实施实验室安全规程，包括化学安全、生物安全、辐射安全等，确保遵守所有相关的健康和安全法规；对实验室人员进行安全培训，确保所有实验人员都能理解并遵守实验室的安全操作程序。

5. 高校实验室人才管理

高校实验室人才管理即管理实验室人员，包括招聘、培训、评估和发展实验室技术人员、研究人员；创建良好的工作环境，促进团队合作，提高团队成员的职业成就感和满意度。

通过这些管理任务的有效执行，高校实验室能够为科研和教学活动提供必要的支持，创造安全、高效和创新的工作环境，从而促进科学研究和技术发展的持续进步。

第三节　实验室管理的传统模式

在数字化之前，高校实验室管理主要依赖于传统的管理方法，这些方法强调人工操作。传统模式在很多方面展现了其局限性，特别是在效率、准确性和资源利用率方面。

刘微、吴菊花、徐小武等人（2023）指出，在传统观念的影响下，一些高校的实验室管理依旧采用人工的方式，教学资料不完善、信息不能进行共享，教师无法远程实时了解学生在实验实训过程中的进度与情况。这对实验实训的教学效果以及实践教学成效都有较大的影响，也会对学生学习的积极主动性产生很大的影响。实验室的封闭管理以及共享制度不完善，无法满足学生进行自主研究的需求，影响学生创新思维和动手能力的提高，减弱学生对科研的兴趣，制约了创新人才的培养。此外，实验技术人员在高校中一直没有得到应有的重视，常常被定义为教辅人员，导致他们较少能够承担专业课，这些情况导致实验技术团队不稳定。显然，传统的高校实验室管理模式已经不能满足现代教育的要求，因此，对高校实验室进行系统的现代化管理势在必行。

高校实验室管理的传统模式主要体现在管理组织结构、资源分配和使用、数据和记录管理、安全和合规性、财务和预算管理五个方面。

一、管理组织结构

传统的实验室通常由一个或多个实验室负责人领导，负责人下设实验技术员和技术助理等。《高等学校实验室工作规程》中明确规定："高等学校应有一名校（院）长主管全校实验室工作并建立或确定主管工作的行政机构（处、科）。"按此要求国内各高校都建立起相应的实验室管理机构或确立归口管理部门（董国强，2005）。实验室的日常管理任务，如预约、设备维护和安全监督，通常由实验室管理员手工进行。这种结构在小规模操作中效率尚可，但随着实验室规模的扩大和复杂性的增加，这种管理模式的效率和响应速度往往难以满足需求。

1. 层级结构导致的决策延迟

在传统的实验室管理组织结构中，决策通常需要通过多个层级批准，导致响应时间延长。例如，新设备的采购、重大维修或者预算调整等，都需要经过长时间的审批流程。

2. 信息流通不畅

层级结构可能阻碍信息的快速流通。管理层与实验室日常操作人员之间的信息不对称，可能导致管理决策不符合实际需要。

3. 对变化的反应迟缓

在快速变化的科研环境中，传统的实验室管理结构可能难以及时适应新的科研趋势和技术，影响实验室的竞争力和科研产出。

二、资源分配和使用

在传统模式下，实验室资源的分配和使用往往不够灵活。资源分配主要基于教师的需求和课程安排，而学生和研究人员可能会遇到访问限制。设备和材料的使用通常需要手工登记，缺乏有效的监控和优化手段，可能造成资源浪费。

1. 资源浪费

由于缺乏有效的资源管理系统，设备和材料的使用往往依赖于人工记录和个体记忆。导致资源配置不当，设备使用过度或不足。

（1）设备使用过度或不足。由于缺乏准确的使用记录和实时监控系统，某些设备可能会被频繁使用而超出其维护周期，加速设备磨损和故障率。同时，其他设备可能长时间处于闲置状态，造成资源浪费。

（2）库存管理低效。在没有电子化管理系统的支持下，实验室的物资和耗材库存难以精确控制。这可能导致过度购买或库存短缺，影响实验室的正常运作和财务状况。

（3）能源浪费。缺乏有效的资源管理还包括能源使用的低效率，例如，实验室设备非优化运行时间可能导致电力等能源的浪费。

2. 访问限制

在传统结构中，资源分配常常固化且缺乏灵活性，会阻碍特定研究项目的进展，对研究工作的效率和创新产生不利影响，尤其是那些需要特定设备或材料的项目。

（1）资源分配固化。资源分配基于既定的优先级和历史模式，而不是当前的研究需求或项目的紧急性，这种刚性分配模式不利于应对快速变化的研究和需求。

（2）影响研究项目进展。对特定设备和材料的访问限制可能阻碍创新和研究项目的进展，尤其是对于那些依赖特定技术或材料的新兴科学研究。

（3）合作难度增加。资源分配的固化也可能影响学术合作的机会，限制跨学科和跨机构的研究活动，从而降低研究成果的质量和影响力。

三、数据和记录管理

数据管理主要是通过手工记录实验数据，使用纸质实验日志和报告。这种方式容易导致数据遗失或错误，并且在数据检索和共享方面效率极低。此外，手工记录也大大增加了管理人员的工作量。

1. 数据的准确性和完整性

（1）记录错误。手工记录数据容易出现错误，如数字录入错误、遗漏关键信息或误解数据。这种错误会影响研究的准确性和可靠性。

（2）信息缺失。在纸质系统中，记录可能因为疏忽、损坏或丢失而不完整。一旦数据丢失，很难或无法恢复，对长期研究项目破坏性更大。

2. 数据检索和访问的效率

（1）检索困难。纸质记录难以快速检索，查找特定数据需要耗费大量时间和人力。这对于需要迅速获得历史数据进行比对或分析的研究人员来说是个大难题。

（2）访问限制。实体记录的存放通常在特定的地点，只有少数人有权访问，这限制了合作研究和信息共享的能力。

3. 数据保护和安全性

（1）数据易受损害。纸质记录容易受到物理损害，如火灾、水灾或其他环境因素的影响。此外，纸质文件也容易被窃取或误用。

（2）隐私保护不足。在没有适当安全措施的情况下，敏感信息如学生数据、专利信息等可能发生泄露，违反数据保护法规。

4. 数据更新和共享

（1）更新不及时。在手工记录系统中，数据更新往往滞后，导致管理和研究人员无法及时获取最新信息。

（2）共享困难。纸质记录的共享不仅效率低，且易出错。缺乏有效的共享机制会限制跨学科和跨机构合作。

5. 成本和资源消耗

（1）高昂的维护成本。维护大量纸质档案需要专门的存储空间和管理人员，这不仅占用物理空间，还增加了管理成本。

（2）资源浪费。大量使用纸张和打印设备对环境产生负担，与可持续发展的理念相违背。

四、安全和合规性

安全管理主要依靠实验室人员的经验和定期的安全培训。虽然大多数高校都有严格的安全规程，但在传统管理模式下，执行这些规程的一致性和有效性往往依赖于个人的责任感和专业性。合规性的监控主要是通过定期的内部审查和外部检查来进行。在传统的实验室管理中，安全培训不够频繁或不够全面，安全监控依赖个别人的经验和责任感，导致实验室安全存在隐患。合规性监控和实施可能不够严格或更新不及时，这使得实验室在面对外部审计和评估时遭遇问题。

1. 安全培训和监控不足

（1）不充分的安全培训。在传统管理体系中，安全培训可能间隔过长或内容覆盖不全面，导致实验室人员对新的安全规程和紧急应对措施了解不足。这种培训的不足不仅增加了实验事故的风险，还可能导致错误的事故应对，增加事故的潜在损害。

（2）依赖个人经验和责任感。传统的安全监控体系往往依赖于经验丰富的工作人员或管理者的个人责任感，这种依赖使得安全措施的执行可能因人而异，缺乏一致性和标准化，个人偏差或疏忽容易导致重大安全事故。

（3）定期检查的不足。定期的安全检查执行不到位，检查频率和力度不足以发现潜在的安全问题。缺乏有效的安全监控设备和系统，如烟雾报警器和危险化学品泄漏监测，有可能导致对危险情况的响应不够及时。

2. 合规性问题

（1）合规性监控和实施的疏漏。合规性措施，如环保法规、化学品管理法规和生物安全法规的遵守可能因为监控和执行的不严格而遭受挑战。例如，使用和存储有毒化学品的规定未能严格执行，增加环境和个人健康的风险。

（2）更新不及时的规程和政策。随着法规和标准的更新，实验室的操作规程也需要相应更新。在传统管理系统中，规程变更的信息传递可能滞后，导致实验室操作依据过时的规程面临合法性和安全性的双重风险。

（3）外部审计和评估的难题。当实验室管理不符合最新的安全和合规性标准时，面对外部审计和评估可能会遇到问题，如被指出安全缺陷和合规性问题。这不仅会影响实验室的声誉，还可能导致资金支持的减少或法律责任的追究。

五、财务和预算管理

在传统管理模式下，我国高校实验室在财务和预算管理方面面临着多种挑战。这些问题通常源于管理系统的局限性、资源分配的不透明性和固定性。

1. 预算分配的刚性和不透明性

（1）预算分配缺乏灵活性。传统模式下的预算分配往往基于历史数据和静态的年度计划，缺乏对实际需求的即时响应。这种刚性分配可能导致资金在某些部门过剩而在其他部门短缺。

（2）预算使用的不透明性。财务流程和预算使用的不透明往往导致资源分配效率低下，使得实验室管理者难以进行有效的财务规划。

2. 缺乏细致的成本追踪与分析

（1）成本控制不足。在传统模式下，缺少有效的成本追踪和控制机制，难以精确计算和监控各项开支，特别是在耗材、设备维护和能源消耗等方面。

（2）数据驱动的决策缺失。由于缺乏系统化的数据分析工具，决策过程往往依赖于经验而非数据驱动的洞察，资金使用效率不高。

3. 资金使用的效率问题

（1）资金滞留。由于行政流程复杂，经费的申请和审批过程可能长达数月，资金使用存在时滞，影响实验室的运行效率。

（2）资源浪费。由于缺乏对资源使用的实时监控，设备过度采购或低效使用，造成资源浪费。

4. 预算制定基于不充分的信息

（1）信息不全导致的预算失误。预算基于不充分或过时的信息制定，导致不能准确反映实验室的实际需要，进而影响研究和教学活动的质量和进度。

（2）缺乏对未来需求的预测。传统模式下，预算往往缺乏对未来科研项目和技术发展趋势的预见性考虑，导致资金配置不符合长远发展的需求。

5. 绩效评估不足

传统的财务管理体系往往缺乏对资金使用效率和产出的系统评估，限制了实验室在科研和教学上的绩效提升。

这些传统的管理方法虽然在过去几十年中支持了基础科学研究的发

展，但在响应现代教育和科研需求方面显得日益力不从心。随着科技的发展和高校竞争的加剧，对实验室管理的现代化、高效化的需求日益迫切。这种需求推动了高校实验室管理从传统模式向数字化转型演进。

第四节　高校实验室数字化转型的必要性

随着科技的快速发展和全球研究竞争的加剧，高校实验室面临着越来越多的挑战，包括资源配置效率、数据管理、安全性以及合规性等问题。这些挑战的存在强调了数字化转型在现代高校实验室管理中的必要性。信息技术的整合不仅可以解决传统高校实验室管理中存在的多种问题，还可以为实验室带来前所未有的高效率、安全、合规和创新。数字化转型已成为现代高校实验室管理的必然趋势，对提升全球竞争力和科研效率具有重大意义。

一、提升管理效率和透明度

在数字化背景下建立的高校实验室，可以实现自动化流程。通过自动化的实验室信息管理系统（LIMS），实现样本管理、设备预约和记录维护的自动化处理，减少人为失误，提高数据的准确性和操作的效率。同时，还可实现实时监控。利用物联网技术对实验室环境和设备状态进行实时监控，有利于调整和优化资源使用，提高能源效率、延长设备使用寿命。

1. 自动化流程

在现代实验室管理中，自动化的实验室信息管理系统扮演着至关重要的角色。该系统通过以下方式显著提升管理效率和数据准确性：

（1）样本管理。实验室信息管理系统可以自动追踪每个样本的位置、状态和相关实验数据。从样本接收到处理，再到存储和处置，每个步骤都被系统记录和监控，减少了样本错放或丢失的可能性。

（2）设备预约系统。通过实验室信息管理系统实现的设备预约系统允许研究人员在线预约设备使用时间，系统自动记录设备使用情况，有效避免资源冲突和过度使用，确保设备的最优分配和利用。

（3）维护记录的自动化处理。实验室信息管理系统能够自动记录设备的维护历史和即将到来的维护需求，确保设备按时维护，延长其使用寿命并保持最佳性能。

这些自动化流程不仅减少了手工处理导致的错误，还显著提升了操作的效率和实验室的整体数据质量。

2. 实时监控和控制

利用物联网技术，实验室可以实现设备和环境状态的实时监控，包括以下几方面。

（1）环境监控。物联网设备可以实时监控实验室的温度、湿度、CO_2水平等环境参数，确保实验条件始终处于理想状态。异常情况可以立即通过系统通知相关人员，迅速响应以调整环境设置。

（2）设备状态监控。通过在关键设备上安装传感器，物联网系统能实时监控其运行状态，如温度过高、振动异常等指标。这些数据可以用来预测设备故障，实现预防性维护，减少突发性设备故障导致的实验中断。

（3）资源优化。通过实时数据分析，物联网系统可以帮助管理者及时调整资源使用，比如，调整非高峰时段的设备运行计划，优化能源使用，降低运营成本。

通过整合这些技术，实验室的管理效率和透明度得到显著提升，实验室运营更加顺畅和可靠。同时，通过减少能源浪费和延长设备寿命，还能有效降低实验室的总体运营成本。

二、改善数据和记录管理

在现代科研环境中，有效的数据和记录管理是实验室运营的核心。通过整合先进的信息技术，高校实验室可以极大地提升数据处理的效率和质量。数字化的高校实验室能够实现集中的数据存储和高效的数据共享与协作。通过集成的数据平台，实现数据的集中存储和管理，保证数据的完整性和一致性。这有助于科研人员快速访问历史数据，进行数据比较和分析。数字平台支持高效的数据共享和协作，校内外的研究者可以轻松共享实验数据和研究成果，加速科研合作和知识传播。

1. 集中的数据存储

集成的数据平台能够实现实验室数据的集中存储和统一管理，具体优势包括以下几点：

（1）数据的完整性和一致性。通过中央数据库存储所有实验数据，确保数据在整个实验室或研究机构中保持一致。这消除了数据冗余和不一致的问题，确保所有研究人员访问的是最新和最准确的数据。

（2）快速访问历史数据。科研人员可以通过搜索功能快速检索历史实验数据，无须手动翻阅纸质记录。这不仅节省了时间，还增加了数据利用的可能性，为复杂的数据分析和长期研究项目提供支持。

（3）跨时空数据分析。集中的数据存储允许研究人员从不同时间和地点进行数据比较和分析，这对于趋势分析、模式识别和科研预测等活动至关重要。

2. 高效的数据共享和协作

数字化平台的引入也极大地促进了数据的共享和科研的协作。

（1）便捷的数据共享。通过在线平台，实验数据和研究成果可以即时共享给校内的其他研究组或全球的合作伙伴。这种共享机制不受地理和时间限制，极大地加速了科研成果的传播速度。

（2）协作工具的集成。许多数据平台不仅提供数据存储，还集成了协作工具，如实时编辑、评论和版本控制等功能。这些工具使得团队成员可以在同一文档上协作，无论他们身处何地。

（3）跨学科研究支持。数据共享平台打破了传统学科间的壁垒，不同领域的研究人员可以轻松访问和利用其他领域的数据，促进了跨学科研究的发展。

通过这些改进，实验室不仅能够提升数据管理的效率和安全性，还能加强科研人员之间的合作，推动科研创新和知识的快速发展。这些变革表明，信息技术的整合不仅是实现高效实验室管理的必要条件，也是推动现代科研向前发展的关键因素。

三、增强安全性和合规性

在高校实验室管理中，安全性和合规性是至关重要的，其不仅影响实验室人员的健康和安全，还涉及法律责任和机构声誉。信息技术的整合可以显著提升这两方面的管理效率。自动安全监控是指通过自动化系统监控危险化学品的存储和使用，以确保符合安全规范。同时，系统可以自动记录所有操作和事故，便于事故追踪和责任归属。合规性自动检查是指信息技术可以帮助实验室管理者更好地了解和遵守最新的法规和标准，系统可以定期进行自我检查，确保所有操作都在合规的框架内进行。

1. 自动安全监控

自动化系统在实验室安全管理中扮演着关键角色，具体应用在实验室用品的安全监控、操作记录与事故追踪等方面。

（1）危险化学品的安全监控。通过安装传感器和其他监测设备，自动化系统可以实时监控危险化学品的存储条件（如温度、压力、容器完整性等），并在参数超出安全范围时立即发出警报。这不仅防止了潜在的化学事故，还确保了化学品的正确存储。

（2）操作记录与事故追踪。自动化系统能够记录所有的操作和任何的异常事件，包括时间、地点、涉及人员和具体操作细节。这种详尽的记录便于在发生事故时追溯原因、确定责任，并改进安全措施。

2. 合规性自动检查

为了遵守不断变化的法规和标准，自动化合规性检查系统为实验室管理提供了强大支持，使实验室管理人员可以及时了解最新法规，并进行预防性的合规检查。

（1）实时法规更新。合规性自动检查系统可以连接到法规数据库，实时更新最新的法律和政策。系统能自动审核实验室的操作是否符合这些更新后的法规，从而确保实验室始终在合法和安全的范围内操作。

（2）预防性合规检查。系统可以定期自动执行全面的合规性检查，审查所有实验操作和环境设置是否符合规定。这种预防性检查有助于及早发现潜在的合规风险，避免重大的合规问题。

通过这些技术的应用，高校实验室不仅能够有效提升其安全和合规水平，还能通过系统的自动化功能减少人为失误和遗漏，从而提供一个更安全、更合规的研究环境。这种整合技术显著提高了实验室的整体运营水平，为学术研究提供了坚实的安全保障。

四、促进创新和研究质量

基于数字化实验室各类技术工具的应用，能够帮助科研人员进行数据分析和挖掘、虚拟仿真和建模。

1. 数据分析和挖掘

通过先进的数据分析工具，研究人员可以从大量的实验数据中提取有价值的信息，发现新的研究方向或优化现有的实验方法。在现代科研环境中，数据分析和挖掘技术的应用为提高研究质量和加速科学发现提供了重要方法。这些技术的集成在以下几个方面发挥作用：

（1）深入的数据洞察。利用先进的数据分析工具，如机器学习和统计分析软件，研究人员可以处理和分析大规模数据集，从而识别出隐藏的模式、趋势和相关性。这些洞察可以引导科学家探索未被察觉的新研究领域或验证复杂的科学假说。

（2）优化实验设计。数据分析工具可以帮助研究人员优化实验设计，通过预测实验结果来调整变量和实验条件，从而减少不必要的试验和错误。这不仅提高了实验的效率，还确保了资源的有效利用。

（3）实时反馈和迭代。在实验进行过程中，实时数据分析可以提供即时反馈，研究人员能够快速调整方向和方法。这种迭代过程极大地加速了研究的进展和创新的实现。

2. 虚拟仿真和建模

计算机模拟和虚拟现实技术的应用在科研中提供了一个成本效益高且资源节约的解决方案。利用计算机模拟和虚拟现实技术，研究人员可以在无须实际进行实验的情况下测试假设和模型，降低研究成本，减少实验室资源的消耗。

（1）假设测试和预验证。通过计算机模拟，科研人员可以在数字环境中测试科学假设或模型，无须实际进行昂贵或耗时的实验。这种方法特别适用于那些实验成本高昂或实验条件难以实现的情况。

（2）复杂系统的建模。利用虚拟现实技术，研究人员可以创建和操纵复杂系统的三维模型，这对于理解复杂的生物系统、化学反应或物理现象尤为重要。通过这些模型，研究人员可以观察和分析系统行为，而无需物理实验。

（3）教育和培训。虚拟仿真也被广泛用于教育和培训，使学生和研究助理能够在风险较低的环境中学习复杂的实验技术和科研方法。这不仅提高了学习效率，还增加了学习体验的安全性和参与度。

通过这些技术的应用，实验室可以大幅提升研究的质量和创新能力，同时降低研究成本和时间，促进科学研究的可持续发展。这些技术不仅支持了基础科学研究的深入，也为应用研究和技术开发提供了强大的工具。

五、支持可持续发展目标

高校实验室实行数字化管理可以更精确地控制资源使用，减少不必要的能源和材料消耗，支持环境可持续性发展。数字化工具可以提供更加多样化和互动性强的教学资源，支持学生和研究人员的学习和专业发展，促进教育和培训。

1. 减少资源消耗

数字化管理在实验室操作中引入了高效的资源控制和监测机制，显著减少了资源浪费，从而支持环境的可持续性发展。

（1）精确的资源控制。通过集成的管理系统，实验室可以更精确地监控和控制水、电、气及化学试剂等资源的使用。例如，智能系统根据实验室的实际使用情况自动调整能源消耗，调整空调系统、照明和其他实验设备的运行时间，以确保能源浪费最小化。

（2）优化物资使用。数字化库存管理系统能够实时追踪材料的使用和存量，确保实验材料的合理订购和使用。这不仅减少了过度购买和过期废弃的问题，也帮助实验室减少不必要的环境负担。

（3）环境影响评估。现代实验室信息系统还可以集成环境影响评估工具，帮助研究人员在设计实验方案时考虑其环境影响，选择更环保的材料和方法。

2. 促进教育和培训

数字化工具为教育和培训提供了革命性的支持，通过提供更多样化和互动性强的教学资源，极大地激发了学生和研究人员的学习热情。

（1）互动性学习平台。在线学习管理系统（LMS）和虚拟实验室平台允许学生通过互动模拟和虚拟实验来学习复杂的科学概念和技术。这种互动性学习不仅增加了学习的趣味性，还提高了学习效率。

（2）个性化学习体验。数字化工具可以根据学生的学习进度和理解能力提供个性化的学习材料和反馈，支持学生按自己的节奏学习。这种个性化学习特别适合科研培训，可以帮助学生和研究人员更快地掌握复杂的研究方法。

（3）远程教育和国际合作。数字化教育工具打破了地理和时间的限制，全球的学生和研究人员可以轻松访问世界上的教学资源和研究文献。这不仅提升了教育资源的可达性，还促进了国际学术交流和合作。

通过这些方式，数字化管理和工具不仅支持了实验室管理的可持续发展，还推动了教育和科研培训的现代化，帮助培养下一代科研人才。这些改革和创新显著提高了科研和教育的质量，同时也为实现更广泛的可持续发展目标做出了贡献。

第五节　小结

本章节探讨了高校实验室在传统管理模式下的操作以及数字化转型的必要性，突出了信息技术整合到实验室管理中的重要性和显著优势。

数字化实验室管理通过信息技术的集成优势实现效率提升。自动化的实验室信息管理系统和物联网技术能够优化资源分配，提高操作效率并降低能源消耗。数字化实验室可改善数据管理，集中的数据存储和高效的数据共享机制支持跨时空的科研合作，加速科学成果发现。数字化实验室管理还可以增强安全性和合规性。自动化的安全监控和合规性检查系统确保实验室操作符合最新的法规和标准，减少合规风险。数字化工具还能促进科研创新，数据分析工具和计算机模拟技术促进了新研究方向的探索和实验方法的优化。数字化支持高校实验室的可持续发展，数字化工具减少资源浪费并提供多样化的教学资源，促进教育和专业发展。

　　通过本章的讨论，为读者提供了深入了解如何通过技术改进高校实验室管理的视角，为后续章节探讨的具体数字化实施策略和案例分析奠定了基础。后续章节将详细介绍各种数字化工具和技术在高校实验室管理中的具体应用，展示这些技术如何在实际操作中实现预期的改进效果。

第三章　高校实验室信息化平台建设

　　高校实验室是推动科研、开展实验教学的主阵地，对院校的发展建设有不可或缺的作用。同时，其也是展现院校科研水平和教学能力的关键场所。但传统的高校实验室管理模式存在效率低、资源配置不均衡、设备管理不完善的问题。因此，高校需利用信息技术对实验室进行进一步优化，通过信息化平台提高实验室的管理水平，以此满足实验室创新改革的需求（郑琳，2024）。在数字化快速发展的背景下，构建一个高效、灵活的信息化平台对高校实验室的管理至关重要。通过信息化平台，实验室不仅能提升其运营效率，还能加强数据的安全性，提升研究质量，从而更好地适应现代教育和科研的需求。

　　本章将详细探讨高校实验室信息化平台的构建，包括平台的技术架构、关键功能模块的设计及实施。通过本章的深入分析，读者将获得关于如何设计、部署和维护高校实验室信息化平台的全面理解。

第一节　高校实验室信息化平台的概念及内涵

高校实验室信息化平台是指利用信息技术来支持和优化实验室的各项管理和科研活动的综合系统。这一平台通过整合各种软件和硬件资源，实现实验室运作的自动化、智能化和网络化。信息化平台的核心目的是提升实验室的运行效率，增强数据管理能力，确保安全和合规性，以及促进科研创新。以下是高校实验室信息化平台的几个主要内涵：

1. 综合管理功能

信息化平台涵盖了实验室内所有关键的管理功能，包括但不限于样本管理、设备预约与维护、资源调配、财务管理、安全监控等。通过将这些功能集成到一个统一的平台中，管理者可以更方便地进行监控和控制资源，这个平台同时也为实验室人员提供了一个便捷的操作界面。

2. 数据集成与分析

实验室生成的数据通常非常庞大且复杂，信息化平台通过提供集成的数据存储和管理解决方案，帮助科研人员有效地存储、查询和分析数据。此外，平台可能包含数据分析和可视化工具，帮助研究人员从数据中提取有价值的洞见，支持科研决策。

3. 自动化与智能化操作

信息化平台通过自动化技术减少手工操作的需求，如自动化的样本处理和化学品管理系统。智能化元素，如基于机器学习的预测分析和故障预测，进一步提高了实验室的运行效率和安全性。

4. 用户友好的交互界面

实验室信息化平台着重用户体验设计，提供直观易用的图形用户界面①（GUI），确保所有用户即使在没有深厚的信息技术背景下也能顺利操作。

5. 安全与合规性保障

鉴于实验室管理的特殊性和敏感性，信息化平台设计时必须充分考虑数据安全和隐私保护。此外，平台还需符合相关的法律法规要求，确保实验室的操作合法合规。

6. 支持远程访问与协作

高校实验室信息化平台支持云技术②和远程访问功能，科研人员无论身处何地都能访问实验数据和资源，有助于团队协作和国际合作。

通过内涵式发展，高校实验室信息化平台不仅简化了传统实验室的管理流程，还赋予了实验室更多的创新潜力和全球竞争力。

第二节 高校实验室信息化平台建设现状

随着近年来高等教育事业的飞速发展，国内各高校实验室及大型仪器设备数量急剧增加，管理难度越来越大。尤其是扩招、校际合并等学校内部推行的各项管理制度的改革，对高校的实验室管理工作提出新挑战（谢强 等，2022）。实验室信息化管理平台的用户范围和运行模式如图 3-1 所示。

---

① 图形用户界面（Graphical User Interface，简称 GUI）是指采用图形方式显示的计算机操作用户界面。

② 云技术是指在广域网或局域网内将硬件、软件、网络等系列资源统一起来，实现数据的计算、储存、处理和共享的一种托管技术。

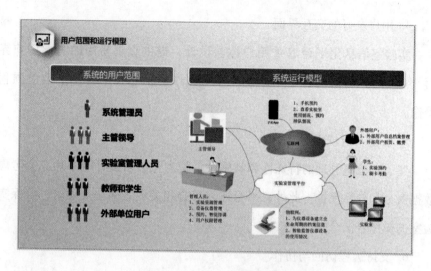

图 3-1　实验室信息化管理平台的用户范围和运行模式

一、全球范围内，高校实验室信息化平台的建设正处于快速发展阶段

不同地区和不同类型的高校在推进的步伐和实现的深度上存在显著差异。信息化平台的建设不仅涉及技术的应用，还包括对管理流程、数据处理以及用户体验的全面改进。

1. 技术基础设施的更新升级

许多高校正在投资升级其技术基础设施，包括更强大的服务器、更快速的网络连接和更安全的数据存储解决方案。这些基础设施的升级是实现更高级信息化功能的前提。

2. 数据管理系统的集成

数据管理是实验室信息化的核心。当前，大多数高校实验室正在逐步部署集成的数据管理系统，如实验室信息管理系统、电子实验室笔记本①

----

① 电子实验记录本（Electronic Lab Notebook，简称 ELN）是一种安全可靠的软件系统，它汇聚多种来源的实验相关数据，支持记录实验的完整的过程和结果，并将其打包成法律法规认可的文件，支持搜索、数据挖掘和协作。

（ELN）和其他专业软件，以支持数据的标准化收集、存储和分析。

3. 自动化与智能化工具的应用

自动化在实验室管理中的应用越来越广泛，包括自动化样本处理、实验设备的远程控制和监控等。此外，一些前沿高校开始探索人工智能和机器学习技术，以提升数据分析的精确性和实验设计的智能化。

4. 用户接口和体验的改善

为了提高实验室信息化平台的用户接受度，很多高校注重改善用户界面[①]（UI）和用户体验[②]（UX），使平台更加直观易用。这包括了访问方式、交互设计和功能布局的优化。

5. 安全性和合规性的加强

随着数据量的增加和数据类型的多样化，实验室信息化平台的安全性和合规性日益受到重视。高校在平台设计时不仅要考虑保护数据不被非法访问，还要确保数据处理和存储符合相关法律法规。

6. 跨校和跨国合作的支持

信息化平台的建设也考虑到了支持跨校和跨国的科研合作。通过云平台和在线协作工具，研究人员能够在全球范围内共享数据和资源，共同参与科研项目。

二、国内高校实验室信息化平台建设

中国高校在推动实验室信息化方面取得了显著进展，不仅提升了科研效率，还增强了国际合作的能力。这些经验对正在考虑或正在实施实验室信息化的其他高校具有重要的参考价值。

---

① 用户界面（User Interface，简称 UI）是指对软件的人机交互、操作逻辑、界面美观的整体设计。

② 用户体验（User Experience，简称 UX）是用户在使用产品过程中建立起来的一种纯主观感受。

清华大学在实验室管理和科研数据分析方面，建立了高效的信息化管理系统，该系统支持高级数据分析和跨学科研究合作。清华大学生命科学学院张强锋实验室作为高校实验室信息化的典型代表，其依托于清华大学和北京大学的生命科学联合中心，利用高级信息系统进行生物信息学和系统生物学研究，实现了数据的高效管理和分析。

浙江大学利用云计算平台，为研究人员提供了强大的计算资源，支持复杂的数据分析和模拟实验。浙江大学的 FAST（Field Autonomous System & computing）实验室专注于无人系统与自主计算研究，通过建立专业的平台进行数据收集、处理和分析，支持自主系统的导航、控制、运动规划和感知研究。

上海交通大学的实验室信息系统在提升实验室安全性和提高资源使用效率方面表现突出，实现了实验资源的优化配置和实时监控。上海交通大学机器视觉与智能集团致力于在智能视觉系统领域的研究，通过信息化平台支持大规模图像和视频数据的处理，推动智能视觉技术的应用研究。

北京大学 ZERO 实验室位于北京大学人工智能学院，专注于机器学习和计算机视觉研究。该实验室通过构建高效的信息化平台，支持复杂的数据处理和分析需求，促进人工智能技术的研究与发展。

以上是国内高校实验室信息化平台应用的优秀案例。此外，图 3-2 至图 3-7 是国内部分实验室信息化平台应用的案例。这些案例对于正在考虑或正在实施实验室信息化的其他高校具有重要的参考价值。

图 3-2　湘南学院实验室管理系统应用案例

图 3-3　武汉科技大学实验室管理系统应用案例

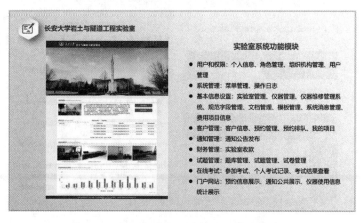

图 3-4　长安大学实验室管理系统应用案例

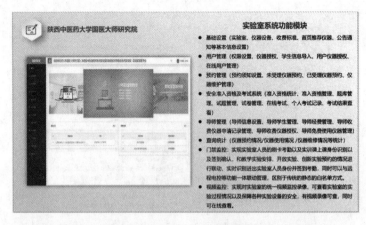

图 3-5 陕西中医药大学实验室管理系统应用案例

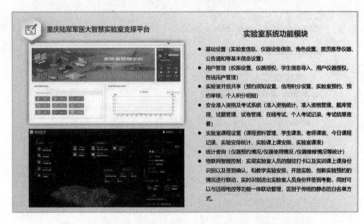

图 3-6 重庆陆军军医大实验室管理系统应用案例

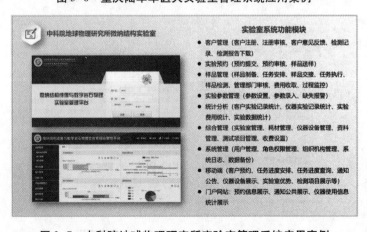

图 3-7 中科院地球物理研究所实验室管理系统应用案例

第三节　平台架构

在构建高校实验室信息化平台时，技术架构的设计是确保系统可靠性和可扩展性的关键。一个完善的信息化平台通常包括硬件基础设施、软件系统，以及它们之间的交互方式。下文将详细介绍各部分组成。

一、硬件基础设施

1. 服务器

（1）类型：信息化平台通常需要强大的服务器支持，包括应用服务器、数据库服务器和文件存储服务器。

（2）配置：服务器应具备高性能的处理器、大容量的内存和高速的存储系统，以应对大数据处理和复杂计算的需求。

2. 网络设备

（1）组件：包括路由器、交换机和防火墙，这些设备保证数据传输的速度和安全。

（2）带宽：考虑到数据传输需求，网络带宽应足够大，以支持大量的数据上传下载和远程访问。

3. 数据存储解决方案

（1）类型：应采用存储区域网络①（SAN）或网络附加存储②（NAS）等解决方案，确保数据的高可用性和灾难恢复能力。

---

① 存储区域网络（Storage Area Network，简称 SAN）是一种高速网络，用于连接存储设备（如硬盘阵列、磁带库等）和服务器。

② 网络附属存储（Network Attached Storage，简称 NAS）是一种专门为存储和共享文件而设计的存储设备，它通常连接到网络中，可以通过网络访问和管理存储的文件。

（2）容量：根据实验室的数据产生量预测，选择足够的存储容量，并预留扩展空间。

4. 安全硬件

（1）加密设备：用于数据传输和存储的加密。

（2）物理安全：如不间断电源（UPS）、环境监控设备等，保证服务器和存储设备在安全的环境中运行。

二、软件系统

1. 操作系统

选择稳定支持高并发的服务器级操作系统，如 Linux 或 Windows Server，这些系统提供了必要的安全性和稳定性。

2. 数据库管理系统（DBMS）

根据数据量和处理需求选择合适的数据库系统，如 Oracle、MySQL 或 SQL Server，确保管理和查询数据的高效率。

3. 应用软件

（1）实验室信息管理系统：支持实验室日常运作的管理，如样本跟踪、设备预约和化学品管理。

（2）电子实验室笔记本：支持研究数据的记录和分享。

（3）数据分析工具：如矩阵实验室（MATLAB）、R 语言或专业的统计软件，支持复杂的数据分析需求。

5. 安全软件

包括防病毒软件、入侵检测系统（IDS）和数据加密软件，确保平台的数据安全和网络安全。

6. 协作与通信工具

支持研究人员之间的有效沟通和协作，如 Slack、Microsoft Teams 等，这些工具也支持跨地域的协作。

三、交互方式

（1）用户界面：应设计直观易用的图形用户界面，支持用户通过 Web 浏览器或专用客户端访问系统。

（2）提供应用程序编程接口（API）：支持第三方软件或自定义开发的应用与平台的集成。

有了以上的硬件和软件配置，这个高校实验室的信息化平台才能够提供强大的支持，确保日常运营的高效和安全，支持科研数据的深入分析和全球范围的科研合作。图 3-8 展示了实验室信息化管理平台构架。

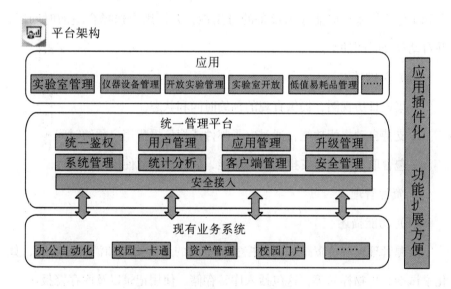

图 3-8　实验室信息化管理平台构架

第四节　功能模块

为了实现高校实验室的有效管理，信息化平台需要包含多个关键的功能模块。这些模块不仅提供基本的日常管理功能，还支持复杂数据处理功能。

1. 预约系统

（1）功能描述

实验室的预约系统允许研究人员通过一个用户友好的界面预定实验设备和工作区。系统应能显示设备的可用性，允许用户选择合适的时间段，并自动处理时间冲突。

（2）关键特点

·集成日历视图，提供直观的预约时间和状态。

·支持自动提醒功能，通过电子邮件或短信提醒用户预约时间。

·包含取消和重新安排预约的功能，以提高资源使用的灵活性。

2. 资源管理

（1）功能描述

资源管理模块负责跟踪和监控实验室内的所有物理和消耗品资源，如化学试剂、生物样品等，这包括入库、存储、使用记录以及库存警报。

（2）关键特点

·实现实时库存更新和历史使用记录，确保库存精确管理。

·集成供应商数据，支持自动化采购和库存补充。

·提供安全数据表（SDS）管理，确保化学品安全使用。

3. 数据分析

（1）功能描述

数据分析模块提供强大的数据处理和统计分析功能，支持从实验数据中提取有价值的信息。包括数据清洗、转换、统计建模和可视化等功能。

（2）关键特点

·支持多种数据源和格式的集成，如实验仪器数据、电子笔记本记录和外部数据库。

·提供多种预设的统计分析和数据挖掘算法，如回归分析、聚类分析和机器学习模型。

·强大的数据可视化工具，包括图表、热图和三维模型，帮助研究人员直观理解数据。

4. 报告生成

（1）功能描述

报告生成模块允许用户快速从收集的数据和分析结果中生成格式化的报告，这对科研发表、项目审查和内部沟通等是非常有用的。

（2）关键特点

·模板驱动的报告生成，支持自定义模板以符合不同的报告标准和需求。

·自动从数据分析模块导入图表和统计结果，减少工作量。

·支持多种格式的输出，如 PDF、Word 或 HTML，以便于分享和存档。

以上是实验室信息化平台中一些核心功能模块的介绍，这些功能模块的整合不仅极大地提升了实验室的运作效率，还加强了数据管理的严谨性。通过这些模块的协同工作，高校实验室可以实现更高级别的自动化和智能化管理，为科研人员提供强有力的支持。图 3-9 展示了实验室信息化管理平台的功能构架。

功能架构

图 3-9　实验室信息化管理平台功能构架

第五节　实施步骤和挑战

实施一个高校实验室的信息化平台是一个复杂的过程，涉及多个步骤和潜在的挑战。正确地策划和执行是成功部署的关键。以下是实施信息化平台的主要步骤及其相关挑战。

1. 实施步骤

实施高校实验室信息化平台建设的步骤分为需求分析和规划、系统设计与开发、系统集成与测试、培训与部署、维护与升级五个步骤。

（1）需求分析和规划

在实施前进行全面的需求分析，包括与实验室管理人员、科研人员及IT 支持团队的讨论，以确保系统设计满足所有用户需求和实验室特定的操作流程。

（2）系统设计与开发

基于需求分析的结果，设计信息化平台的架构，包括选择合适的硬件和软件技术，定制开发或调整现有的软件系统以适应特定需求。

（3）系统集成与测试

集成各种软件模块和硬件设备，并进行系统测试，包括功能测试、性能测试和安全测试，确保系统稳定可靠且无安全隐患。

（4）培训与部署

对实验室人员进行系统操作培训，确保每位用户都能熟练使用平台。参照规范全面部署系统，并在初期提供技术支持，以解决用户在实际使用中遇到的问题。

（5）维护与升级

实施后续的系统维护和定期评估，根据用户反馈和新的技术发展进行系统升级和优化。

2. 面临的挑战及应对策略

（1）技术兼容性和集成难题

·挑战：实验室现有的设备和系统可能与新平台的技术标准不兼容。

·应对策略：选择灵活性高的平台架构，能够与不同品牌和型号的设备兼容；或者在系统设计阶段，考虑到现有设备的接口和数据格式，进行必要的定制开发。

（2）数据迁移的安全性和完整性

·挑战：在旧系统向新系统迁移的过程中，需要确保数据的安全和完整性，防止数据丢失或泄露。

·应对策略：制定详细的数据迁移计划，采用可靠的数据备份和加密技术，同时在迁移过程中实施严格的安全监控。

（3）用户接受度和培训

·挑战：改变用户习惯可能遇到抵触，特别是对于非技术背景的科研人员。

·应对策略：提供全面和易懂的培训，定期收集用户反馈并及时调整培训内容，确保培训和支持持续符合用户需求。

（4）预算和资源限制

·挑战：高质量的信息化平台需要相对高的初始投资和维护成本。

·应对策略：通过详细的成本效益分析，向决策者明确投资回报，争取足够的预算支持。

通过明确这些实施步骤和挑战，高校可以更系统地规划和执行实验室信息化平台的建设，从而提高实验室的管理效率和科研能力，为学校带来长远的利益。案例 3-1 为国内某高校建设信息化平台的论证研究报告实例，供读者参考。

案例 3-1 实验室信息化管理系统购置项目论证研究报告实例

XX 大学实验室信息化管理系统购置可行性论证报告

项目名称：_____实验室信息化管理系统建设项目_____

申请单位：_____经济管理学院_____

项目负责人（签名）：_____

申请单位负责人（签名）：_____

填表日期：_____ 年_____ 月_____ 日

一、申购项目（设备）基本情况

经济管理学院实验中心在新校区有 2 间实验室，未来规划建设 6 间实验室。实验中心设置中心机房（位于实验楼 1 层）存放服务器，并计划安装实验室管理系统对全部实验室进行集中监管。智能实验室管理平台能够提升高校实验室管理水平、仪器设备的利用率，系统易维护、扩展性强，是一套先进的智能化的实验室综合信息管理系统，体现了现代化办学理念；信息化管理能够通过实验室信息的随时更新，自动生成统计报表上报，将实验室管理人员从繁重的信息统计工作中解放出来，从而将精力投入到实验平台、资源等的建设工作中。同时简化行政程序，缩短处理周期，提高管理工作的效率。实验室管理平台还可实现物联管控各实验室，对安全隐患进行预警及报警，提高安全管理质量。

二、申请理由

（一）设备的必要性、先进性和适用性

实验室综合信息管理平台是实验室管理系统能正常运转的框架与核心，它承载了实验室管理、仪器设备管理、实验队伍管理、物联网终端管理、系统设置、权限管理等软件模块的所有基础数据，是各软件管理子系统与功能模块之间、软件系统与硬件集成系统之间、各软件子系统之间的数据流转与交互的核心平台。

传统实训室管理系统所存在的缺陷：

1. 预约缺陷：在实训室开放方面，学生很难查看实训室的空闲时段，管理员也很难为学生预备实验条件，让实验实训教学缺乏自主化、人性化。

2. 学校资产管理缺陷：实训室资产也出现了数量大、种类多、价值高、使用周期长、使用地点分散等问题。传统的人工管理模式不仅造成了管理人员工作累、效果差、容易出错等一系列问题。

3. 实时监控缺陷：传统的监控模式都是以人为本，依靠轮流值班，人工巡回等方式查看。不仅效率低下，而且存在各种弊端。人工维护缺乏完整的管理模式造成了各种事故。

智慧实训室管理系统的优势：

1. 功能丰富：功能有预约管理、实训室管理、仪器设备管理、环境监测管理（温湿度、危险气体等）、监控管理、数据报表管理、广播对讲管理、场地管理、人员信息管理、角色分配管理等，还可以根据实际需求进行扩展。

2. 管理集中：基本对象管理、产地信息管理、综合实时监测管控、资源授权使用管理、资产管理等功能，将用户组织机构、人员、业务、场地、设备、器材、环境对象等各类要素全面联动整合。

3. 系统基于物联网平台技术设计：面向广大学校的实训室管理部门的迫切需求构建，充分利用物联网平台的泛在互联、实时监测、动态展示、智能控制、灵活交互等特色应用，对各实训室的门禁系统、公共广播、视频安防，以及场地信息等进行综合统一管理，提高实训室的应用保障、维护与管理水平和教学质量水平。

4. 数字化管理：不仅实现对实训室场所、人员、设备、环境与安全保障的综合化和智能化管理，更可对设备设施维修、借用、使用申请、授权管理等常规业务流程进行网络化、数字化管理，从而减轻实训室管理人员的工作负担，提高工作效率和服务水平，还可以为实验室主管部门的宏观管理和科学决策提供动态、智能、综合的数据。

因此需要申请一套实验室管理系统，对经济管理学院各实验室进行统一管理。

（二）能利用该项目（设备）的专业或学科范围

项目完成后，实验室可服务于经济管理学院全院师生，专业包括体育经济与管理专业、经济学专业以及学校其他院系的专业。

（三）本校、附近兄弟院校和科研单位是否有同类项目（设备），能否共享本校目前尚无完全同类的项目及设备，附近兄弟院校和科研单位有类似项目，且使用效果良好。

（四）如果本校已有该类项目（设备），说明该项目（设备）工作情况

本校目前未有该类项目。

（五）国内外供货商以及相关设备的比较，所选型号（参考品牌）、档次、规格、性能、价格及技术指标的合理性

本项目所有设备均由国内供货商供货。没有必须采用进口设备的货物。所选型号（参考品牌）、档次、规格、性能、价格及技术指标的合理性见附件《经济管理学院采购明细表》。

三、预计效益分析

建立系统平台的基础数据标准化管理，使所有的实验室基础数据信息在系统上运转流通，以保障实验室管理工作统一、实验教学模式统一，全面提高实验室管理工作效率和所有使用者的使用便捷性。通过使用本系统实现实验室管理的规范化、流程化和信息化，提高实验室的教学质量、管理水平和服务水平，为实验室主管部门的宏观管理和科学决策提供依据，为本科教学评估和实验室评估提供翔实数据，为实验室开放提供有力保障。

四、项目（设备）辅助条件

本项目已具备安装使用用房，设备为软件，已配置有相应服务器硬件，不需要特殊水电设施。预购仪器设备附件、零配件、软件配套经费及购后每年所需的运行维修费已包含在项目预算内。项目设备不存在影响环保和安全的因素。

五、使用维护技术力量及设备安置地点

管理责任人：

操作人员：

维修保养人员：

仪器放置房间号：

安装场地：

使用环境及各项辅助设施的安全、完备程度等。

该系统将安装于新校区实验大楼内，由经济管理学院负责操作管理，设备供应商负责后期调试维护。

六、选购（项目）设备的情况调查

按优先顺序提供不少于三家国内、外厂商同类型仪器设备性能、价格比较（所有调研资料原件全部以附件形式提供，由资产管理处存入招标采购档案）：

（略）

七、单位意见

（须明确设备安装地点、使用条件、管理人员、购置后运行管理等落实情况）

申请单位负责人（签字）：

八、专家组论证意见（专家名单由实验中心负责确定）

该项目与专业和课程建设需求结合紧密，与学科发展有重要的推动作用，项目建设是必要的。项目可行性报告建设目标明确，建设内容全面，设计方案合理，技术路线可行，经费预算基本合理。同意通过本项目评审。

专家组组长（签字）：

职称（职务）：

专家组成员

第六节　小结

本章探讨了高校实验室信息化平台的建设，从平台的技术架构、核心功能模块到实施步骤和可能遇到的挑战，介绍了信息化平台的关键组成部分和实施策略。首先，讨论了信息化平台的技术架构，包括必要的硬件设施如服务器、网络设备和数据存储解决方案，以及软件系统如操作系统、数据库管理系统和应用软件。这些组件确保了平台的高性能、稳定性和扩展性。其次，介绍了信息化平台的各种管理模块，包括预约系统、资源管理、数据分析和报告生成。这些模块通过自动化和智能化的功能，极大提升了实验室的管理效率、数据处理能力和科研支持。最后，讨论了信息化平台的实施步骤，从需求分析到系统设计、集成测试、培训部署，以及后续的维护升级，并针对可能遇到的技术和管理挑战提出了具体的应对策略。

通过本章的讨论，读者能够更清晰地了解如何策划和实施高效的高校实验室信息化平台建议，以及在这一过程中如何解决常见的问题和挑战。后续章节中，本书将进一步探讨具体的应用案例和实施效果评估，更全面地展示信息化平台在实际操作中的表现和成果。

第四章 高校实验室数据的处理和应用

《教育信息化"十三五"规划》提出要建设"智慧校园",不断探索"以数据为核心资产、以数据驱动业务革新"的发展模式(教育部,2016)。《中国教育现代化2035》提出要开展大数据支撑下的教育治理能力优化行动,推动以互联网等信息化手段服务教育教学全过程(国务院,2019)。实验室作为高校开展实践教学、科学研究、人才培养的重要场所,其建设与管理水平极大地影响了高校教学、科研和育人成效(邱坤 等,2019)。实验室数据是高校数据资产的重要组成部分,而数据治理是高校实验室进行数据资产沉淀的基础,直接决定高校实验室数据资产能否得到有效沉淀,以及在数据应用过程中能否充分地发挥价值(苏昕 等,2023)。在现代高校实验室的运营中,数据的处理和应用已成为提高管理效率和科研质量的关键因素。随着科技的发展,特别是信息技术的进步,实验室数据管理不仅限于简单的记录和存储,更涉及数据的集成分析、安全保护以及对管理决策的深刻影响。本章将全面探讨实验室管理中数据的收集、分析以及如何确保数据的安全与隐私保护。

首先,数据收集部分将介绍实验室管理中数据来源的多样性以及采用的先进收集技术。这包括从实验设备直接自动收集数据、实验操作过程中的手动输入数据,到通过物联网设备实时监控实验环境的数据收集等各方面。其次，数据分析部分将讨论如何通过各种数据分析技术，如统计分析、机器学习等，来改进实验室的日常管理。这部分不仅包括分析方法的选择和应用，还包括如何通过数据分析来优化资源分配、预测实验结果和改进实验设计。最后，数据安全与隐私保护部分将分析在数据处理过程中可能遇到的安全问题，并讨论如何通过遵循相关的法律法规来保护数据不被非法使用或泄露。

通过本章的讨论，读者将获得关于如何有效管理实验室数据的深入见解，并了解到数据处理在现代实验室管理中的核心作用和应用前景。

第一节　数据收集

在高校实验室中，数据收集是科研和管理活动的基础。实验室数据的来源多种多样，收集技术也不断发展，本节将详细介绍实验室管理中数据的主要来源及其收集技术。

一、数据来源

（1）实验设备数据

·来源：直接来自实验设备的输出，如分析仪器记录的实验结果数据、生物样本分析数据等。

·特点：这些数据通常非常精确，涵盖了实验的基本参数和结果，是科研数据分析的重要基础。

（2）实验操作记录

·来源：实验人员在进行实验过程中手动记录或通过电子实验室笔记本系统自动记录的数据。

·特点：包括实验的步骤、使用的材料、实验条件等，对复现实验和实验过程监控至关重要。

（3）环境监控数据

·来源：实验室内部署的环境监测设备，如温湿度计、空气质量监测器等。

·特点：实时提供实验环境的关键参数，对保证实验条件的稳定性和可靠性非常重要。

（4）管理和运营数据

·来源：实验室管理系统中记录的设备使用情况、维护记录、库存管理、人员管理信息等。

·特点：这些数据帮助实验室管理人员优化资源配置、预算控制和人员调度。

二、数据收集技术

（1）自动数据采集系统

·技术：利用传感器和接口自动从实验设备获取数据，如自动化液相色谱仪、质谱仪等。

·优点：减少人为失误，提高数据收集的效率和准确性。

（2）电子实验室笔记本

·技术：替代传统的纸质实验记录，实验人员通过电子设备输入实验数据和操作日志。

·优点：便于数据的存储、检索和分享，增强数据的安全性、利于数据的长期保存。

（3）环境监控系统

·技术：安装网络化监控设备，实时收集实验室环境数据，并通过无线网络传输到中央数据库。

·优点：实时监控实验条件，及时调整参数以保证实验的有效性。

（4）集成管理软件

·技术：实验室信息管理系统集成不同来源的数据，如资源管理、财务数据等。

·优点：统一数据，提高数据的可用性。

第二节　数据分析

在高校实验室中，数据分析不仅是科研活动的核心组成部分，也是提高实验室管理效率和决策质量的关键工具。通过应用各种数据分析技术，管理者可以从大量复杂的实验室数据中提取有用信息，更加科学地支持管理决策和操作优化。高凤新（2014）指出高校实验室可以结合信息技术、数字技术的发展，对仪器测得的数据做处理。数据处理的软件，如 Origin 等软件，可根据实际情况由用户自行设定，为数据的处理提供快速、有效的途径，还可以进行图像分析，将实验数据和实验结果图像化，实现仪器设备使用的可视化，以便于改进实验方案，加快实验进程，提高实验水平。实验仪器设备运行一段时间后都会积累大量的数据，可通过建立专家系统，对仪器设备进行开发利用。本节将探讨如何利用数据分析技术改进实验室管理和决策。

一、关键数据分析应用

（1）资源优化

·分析内容：利用数据分析对实验室资源如设备使用率、耗材消耗和人力资源进行评估。

·应用效果：通过分析设备使用数据和实验需求，优化设备的预约系统，减少闲置和过度使用，从而延长设备寿命并降低成本。

（2）性能监控

·分析内容：对实验室设备的运行效率和故障率进行持续监控。

·应用效果：及早识别设备性能下降的趋势，及时进行维护或更换，确保实验的顺利进行和数据的准确性。

（3）质量控制

·分析内容：分析实验结果的一致性和重复性，评估实验方法的可靠性。

·应用效果：通过识别实验过程中的变异来源，改进实验设计，提高实验结果的可信度。

（4）预测分析

·分析内容：基于历史数据建立预测模型，预测实验室资源需求、设备维护时间等。

·应用效果：提前准备必要的资源和维护计划，避免意外中断，保证实验室运行的连续性。

（5）决策支持

·分析内容：整合各类管理数据，如财务数据、人员表现数据、科研产出等，为实验室管理提供决策支持。

·应用效果：帮助管理层评估各类管理策略的效果，进行科学决策，提升实验室的整体表现和科研效率。

二、数据分析技术

（1）统计分析。包括描述性统计、假设检验、回归分析等，用于基本的数据理解和趋势分析。

（2）机器学习。应用机器学习算法如聚类分析、分类、预测建模等，处理更复杂的数据集和实现自动化的决策过程。

（3）可视化工具。使用高级数据可视化工具将分析结果以图表、图形的形式直观呈现，帮助管理者快速把握信息。

通过有效地利用数据分析技术，实验室管理者不仅可以提高管理的精准性和效率，还可以在科研工作中发现新的趋势和机会，从而在竞争日益激烈的科研领域中保持优势。

第三节　数据安全与隐私保护

在高校实验室管理中，随着数据量的急剧增加和数据种类的多样化，数据安全与隐私保护成为严峻的挑战。合理处理数据安全问题并遵循相关的法律法规是确保研究的可持续性和科研人员信誉的关键。本节将详细分析实验室数据安全面临的问题，探讨如何在合规行为下确保数据的安全和隐私。

一、数据安全问题

数据安全问题是高校实验室安全管理中的一个关键风险点，其重要性日益凸显。随着科研活动对数据依赖度的增强，任何数据安全漏洞都可能导致严重的后果，包括科研成果的损失、个人隐私的泄露，甚至学术信誉的损害。过去有高校因为数据保护措施不当，重要的科研数据被非法访问，科研团队的多年努力付诸东流。数据安全的风险分为数据泄露风险、数据完整性问题、数据丢失问题等。

数据安全问题的影响范围广泛，处理不当不仅影响单个实验室的正常运作，更可能对高校的科研环境和学术地位造成长远影响。因此，加强数据安全管理，采取有效的安全措施，以及建立应急响应机制，对保障高校实验室的安全运营和科研数据的完整性至关重要。通过实施系统的数据安全策略，高校可以更好地防范和应对数据安全威胁，确保科研活动的顺利进行和科研成果的安全。

（1）数据泄露风险

·实验室内部的数据包含敏感的个人信息、关键的科研成果等，非法访问或外泄可能导致严重后果。

·风险来源包括但不限于黑客攻击、未授权访问、内部人员的恶意操作等。

（2）数据完整性问题

·数据在存储或传输过程中可能遭受损坏或篡改，影响数据的完整性，从而影响科研的准确性和可靠性。

（3）数据丢失问题

·由于硬件故障、软件错误或人为错误，重要数据可能遭到意外删除或损坏后无法恢复，从而造成科研损失。

二、相关法律法规

随着数字经济的飞速发展和信息技术的广泛应用，数据已成为国家重要的战略资源。然而，数据泄露、网络攻击和信息滥用等事件频发，对个人隐私、商业秘密和国家安全构成了严重威胁。数据泄露还可能引起法律问题，涉及隐私侵权和知识产权纠纷，带来巨大的经济和声誉损失。为应对这些挑战，我国逐步建立并完善了一系列数据安全相关的法律法规，旨在加强数据保护、规范数据活动、保障网络安全，维护国家安全和社会公共利益。这些法律法规包括《中华人民共和国个人信息保护法》《中华人民共和国著作权法》《中华人民共和国专利法》《中华人民共和国网络安全法》等。

通过法律法规的完善有四个方面益处。一是个人隐私得到保护。加强个人数据的保护，确保公民个人信息在收集、存储、使用和传输过程中的安全，防止个人隐私被侵犯。二是国家安全得到保障。明确数据安全的国家战略地位，加强关键信息基础设施的保护，防范和抵御数据安全风险，维护国家安全和社会稳定。三是促进经济社会发展。通过建立健全的数据安全管理体系，促进数据资源的合理开发和有效利用，支持数字经济和信息化发展。四是市场秩序进一步规范。制定明确的数据安全法律规范，为数据活动提供法律依据，规范市场主体的行为，维护公平竞争的市场环境。

三、数据安全实施策略

在处理实验室数据安全问题时，采取一系列综合性的实施策略是至关重要的。这些策略不仅确保了数据的安全和完整性，而且保护了科研数据免受未授权访问和潜在威胁。具体实施策略包括加强数据加密技术、实行数据备份和灾难恢复计划，以及开展定期的数据安全培训和意识提升活动。

（1）加强数据加密

对敏感数据进行加密处理，确保数据在存储和传输过程中的安全。

（2）备份与灾难恢复

实施定期备份策略，为数据提供多地点、异地备份，确保在发生数据丢失或灾难时可以快速恢复。

（3）培训与意识提高

定期对实验室人员进行数据安全和隐私保护的培训，提高他们对数据保护重要性的认识和自我保护能力。

通过这些策略的实施，高校实验室可以有效地应对日益复杂的数据安全挑战，保护关键的科研成果和个人信息不受侵害。这不仅增强了实验室的数据治理能力，还提升了整个科研环境的信任度和专业性，从而支持科学研究的可持续发展和创新。

第四节　小结

本章深入探讨了高校实验室在管理过程中对数据的处理和应用，涵盖了数据的收集、分析以及数据安全与隐私保护三个关键问题。这些内容的阐述证明了高效和安全的数据管理对现代实验室的运营至关重要。

首先，本章介绍了实验室中数据来源的多样性，数据来源包括直接从实验设备获得的数据、实验操作过程中的手动记录、环境监控数据以及管理和运营数据，还探讨了各种数据收集技术，如自动数据采集系统、电子实验室笔记本、环境监控系统以及集成管理软件，这些技术使得数据收集更加系统化、自动化和精确化。

其次，讨论了数据分析在提高实验室管理效率和支持科研决策中发挥着核心作用。通过应用统计分析、机器学习和数据可视化等技术，管理者能够从庞大的数据中集中提取有价值的信息，优化资源配置、性能监控、质量控制、预测分析和决策支持，极大地提升了实验室的运营质量和科研产出的质量。

最后，讨论了数据安全的主要威胁、相关法律法规以及实施的策略，包括加强数据加密、备份与灾难恢复计划，以及定期的安全培训和意识提高活动。这些措施确保了数据的安全性和合规性，保护科研数据免受侵害，同时也保护着科研人员和参与者的隐私。

通过实验室数据的有效管理和应用，高校实验室不仅能够提高其日常运营的效率和透明度，还能在保护关键科研数据的同时，推动科学研究的深度和广度。总的来说，这一章的内容为实验室管理人员提供了一套全面的数据管理和安全保护策略。

第五章 数字化时代下的高校实验室设备管理

实验室设备是保障专业实验教学、科学研究的关键物质基础。提高高校实验室设备的管理水平，有利于优化高校教学科研资源配置、为实验活动提供最佳物质条件，也是提升高校办学水平的重要保障（许安琪，2023）。随着科技的进步，尤其是信息技术的快速发展，实验室设备管理已经迈入一个全新的数字化时代。本章将探讨如何在高校实验室中实施设备的数字化登记和追踪，以及如何通过物联网技术提高设备使用的效率和安全。这些方法不仅能优化设备管理流程，还能极大提升设备的运营效率和维护效果，同时还能确保实验室安全的持续改进。

第一节 高校实验室设备管理概述

高校实验室设备管理是一个复杂的过程，涵盖了从设备的采购、使用到维护和报废的全生命周期。有效的设备管理不仅可以保证实验室设备的最佳性能，还能延长设备使用寿命，节约科研经费。

（1）设备采购

·需求评估：分析实验室的科研需求，确定所需设备的类型、规格和数量。

·供应商选择：评估并选择合适的设备供应商，进行成本效益分析，选择性价比高的产品。

·采购流程：包括报价、审批、购买和接收设备的全过程。

（2）设备登记与盘点

·资产管理：对新购入的设备进行编号和登记，建立详细的资产管理档案。

·定期盘点：定期检查设备的状态和数量，更新资产管理记录，确保记录的准确性。

（3）设备使用

·使用培训：为设备操作人员提供必要的培训，确保他们了解设备的使用方法和安全规程。

·使用记录：记录设备的使用时间、使用人员和使用目的，以便于跟踪设备的使用情况和性能状态。

（4）维护与修理

·定期维护：根据设备的使用说明书和制造商的建议，制定并实施定期维护计划。

·故障修理：对出现故障的设备进行及时修理，必要时联系供应商或专业维修服务。

（5）设备升级

·技术更新：随着技术的发展，对老旧设备进行技术升级，提高设备性能和研究效率。

·软件更新：定期更新设备的软件版本，修复已知的漏洞，增加新的功能。

（6）设备报废和置换

·报废决策：当设备过于陈旧或维修成本过高时，进行报废决策。

·环保处置策略：确保设备的环境友好处置，合理回收利用设备的部件和材料。

第二节　我国高校实验室设备管理现状

在我国的高校实验室教学科研工作中，设备管理是保证教学科研活动顺利进行的重要环节。目前很多高校随着实验室设备不断增加，实验室人员的管理任务越来越重，管理难度也越来越大（吴青凤，2014）。随着科研活动的日益增多和设备种类及数量的迅速增加，传统的设备管理模式已显现出许多不适应现代科研需求的问题，这些问题也正是推动数字化转型的关键原因。

1. 人工记录与管理

一些高校的设备管理仍采用较落后的手工管理方式，缺乏完善的实验室设备管理系统。实验室管理人员采用手写纸质标签或者设备卡片形式，字迹易磨损，不规范（胡晓萍 等，2012）。设备管理仍依赖于人工记录，包括设备的采购、维护记录、使用日志等均由手工填写，这不仅效率低下，而且容易出现记录错误。

2. 设备利用率低

缺乏有效的调度系统导致许多昂贵的设备使用率不高，资源浪费严重。同时，设备的闲置与过度使用并存，影响设备的整体性能和使用寿命。各部门在购置仪器设备过程中，主要是考虑本单位甚至个人课题组的需要，部门之间缺乏相互沟通，设备的购置论证不够充分，购置的设备大部分在实验室内部使用，设备利用率低，造成资源的极大浪费，尤其大型仪器设备的重复购置，开放共享程度不够，不仅占用实验室空间，还造成经济上的浪费（范志远 等，2012）。

3. 维护与故障处理不及时

设备维护依赖于定期检查，而信息的延迟和不透明导致维护不及时，增加设备突发故障的风险。随着实验仪器设备的使用次数不断提高，零部件易磨损易发生故障，需要定期维护保养。有些学校通常只重视设备的使用，缺乏对设备进行科学合理的维护，导致实验仪器设备使用寿命缩短。有些仪器设备直接报废，浪费学校设备资源（韩坚洁，2010）。

4. 信息孤岛

设备信息管理系统多样且不统一，导致信息孤岛现象，不同部门之间的信息交流和资源共享困难。

5. 安全风险

人工管理系统的安全措施较有限，设备相关的敏感信息易于泄露，增加了安全风险。

6. 管理成本高

传统的设备管理需要大量的人力物力投入，尤其是在设备种类和数量急剧增加的情况下，管理成本急剧上升。

面对上述问题，数字化转型成为解决这些挑战的关键途径。通过引入信息化管理系统，如实验室信息管理系统和物联网技术，可以实现设备管理的自动化和智能化，通过数字化手段革新高校实验室的设备管理系统，以适应现代科研的发展需求。

第三节　设备数字化登记和追踪

本部分将介绍如何通过数字化手段管理实验室设备的整个生命周期，包括采购、日常使用、维护和报废。本部分还将探讨实施数字化登记系统的具体步骤，以及如何通过这些系统提供实时的设备状态更新和维护提醒，降低设备故障率，延长设备使用寿命。

在现代高校实验室中，对设备进行数字化登记和追踪是提高管理效率和设备使用效率的关键步骤。建立一个全面的数字化登记系统，可以实现对实验室设备全生命周期的有效管理。以下详细介绍实施数字化登记系统的具体步骤及其功能：

（1）设备采购与入库登记

·系统设定：设定一个包含所有设备信息的数字系统，设备条目包括设备名称、型号、供应商信息、采购日期、成本等关键信息。

·自动录入：在设备采购后，通过扫描设备条码或输入设备序列号，自动将设备信息录入系统。这一步可以有效避免人工失误。

（2）日常使用管理

·使用记录：每次设备使用前，操作者需在系统中登记使用时间、使用者信息及使用目的。系统自动记录这些数据，以便未来分析设备使用频率和性能状态。

·访问控制：系统可以设定访问权限，确保只有授权的人员可以操作特定设备，提高设备使用的安全性。

（3）维护与故障追踪

·维护提醒：基于制造商的维护建议和历史维护记录，系统自动提醒管理人员进行定期维护。这可以预防设备故障，延长设备寿命。

·故障记录与处理：当设备发生故障时，操作者通过系统报告故障，系统记录故障详情并通知维护团队。维护完成后，相关信息更新到系统中，成为故障处理的历史记录。

（4）报废与置换

·性能监测：系统通过长期跟踪设备的性能和故障率，帮助决策者判断设备是否需要报废或置换。

·资产更新：当设备达到生命周期末端，系统将指导如何安全地报废设备，并记录新设备的采购和置换过程。

实例5-1是一则设备采购与入库登记的案例，通过案例可以看到其工作的主要流程。

实例5-1　设备采购与入库登记实例

设备采购与入库登记实例

案例背景

某高校生物科学实验室因科研项目需要，决定采购一台先进的荧光显微镜。该设备对实验室的研究活动至关重要，用于观察生物样本的细胞结构和功能。

设备采购与入库登记流程

1. 需求确认

·实验室团队与项目负责人讨论确定需要采购的设备类型和规格要求。

·荧光显微镜的技术参数包括放大倍率、图像清晰度、兼容性和操作简便性。

2. 供应商评选与成本分析

·实验室管理人员调研市场上可用的荧光显微镜，并列出几家知名供应商。

·对比各供应商的报价、服务条款和用户评价，进行成本效益分析。

3. 采购审批

·提交采购提案给实验室财务部门和科研管理部门，包括设备需求说明、成本分析和预期影响。

·完成审批流程，获取必要的采购批准和资金支持。

4. 下单与采购

·根据审批结果，向选定的供应商下单购买荧光显微镜。

·跟踪订单状态，确保设备按时发货。

5. 设备接收与检验

·设备到达实验室后，由技术团队进行接收和质量检验，确保设备无损且符合技术规范。

·确认设备附件和操作手册齐全。

6. 入库登记

·将设备信息录入实验室的数字化资产管理系统，包括设备型号、序列号、采购日期、成本、供应商信息等。

·设置设备的预约维护时间和使用权限。

7. 培训与启用

·安排供应商进行设备安装和操作培训，确保实验室人员能正确使用新设备。

·正式启用荧光显微镜，进行科研活动。

通过实施这样的数字化设备登记和追踪，实验室能够更精准地管理设备资产，优化设备的使用和维护，提升实验室的运营效率，增加教学科研产出。此外，系统中积累的大量数据也为设备性能分析和未来的采购决策提供宝贵的信息资源。

第四节　智能化设备使用

随着物联网技术的发展，实验室设备管理正逐步走向智能化。这一变革不仅提高了设备的使用效率和安全性，还为实验室管理带来了前所未有的便利和效率。这一部分将探讨如何利用物联网技术，实现实验室设备的智能化管理。这包括设备的远程监控、性能优化和预防性维护等方面。此外，本节还将讨论物联网技术如何帮助实验室管理者实时跟踪设备使用情况，增强实验室的安全监控。

一、设备的远程监控

设备的远程监控是指利用信息技术从远程位置实时监测、控制和管理设备或系统的操作状态的过程。这种监控通常依赖于物联网技术，包括传感器、网络设备，其收集设备运行的各种数据，如温度、压力、速度、电流等，并将这些数据传输到中央监控系统。

（1）实时数据采集

通过在设备上安装传感器，物联网系统能够实时收集设备的运行数据，如温度、压力、速度等关键参数。这些数据通过网络传输到中央监控系统，供实验室管理者监控和分析。

（2）远程操作与控制

物联网技术允许管理者通过远程接口对设备进行操作，如启动、停止、调节设定等。这为实验室提供了极大的灵活性，并在处理危险物质方面增强了安全性。

二、性能优化

（1）自动调整设备设置

根据收集到的数据，智能系统可以自动调整设备的运行参数，优化设备性能。例如，根据环境温湿度变化自动调节实验设备的温控系统，保证实验条件的稳定性。

（2）故障预测与避免

利用机器学习算法分析历史数据，通过物联网系统预测设备可能出现的故障，提前通知管理者进行干预，从而避免设备故障对实验的影响。

三、预防性维护

（1）维护提醒系统

物联网平台可以根据设备制造商的维护指南和实际使用情况，自动生成维护提醒。这确保了设备得到及时的保养和维护，延长设备寿命。

（2）维护日志自动记录

所有维护活动，包括时间、维护人员和具体操作，都会自动记录在系统中。这提供了完整的维护历史，有助于未来的维护规划和质量控制。

四、资源配置优化与安全监控

（1）资源使用优化

物联网系统可以分析各设备的使用数据，优化资源配置，例如，调整设备的使用时间表以减少能耗，或者根据实际需求调配设备使用以减少等待时间。

（2）安全监控增强

通过持续监控设备的运行状态和环境条件，物联网系统可以及时发现潜在的安全风险，如漏电、过热等。在事故发生后，系统立即报警，采取应对措施。

通过这些智能化管理措施，实验室设备的使用更加高效、安全、可靠。物联网技术的应用不仅提升了设备管理的水平，也为科研工作提供了强大的技术支持。它是现代高校实验室设备管理不可或缺的一部分。

第五节　小结

本章深入探讨了如何在高校实验室中实施设备的数字化登记和追踪，以及如何利用物联网技术提高设备使用的效率和安全。通过详细讨论这些先进技术的应用，本章揭示了数字化和智能化根本性地改变了实验室设备的管理方式。

首先，介绍了实施设备数字化登记系统的步骤，包括设备采购、日常使用、维护和报废等各个阶段的管理。这种系统通过提供实时的设备状态更新和维护提醒，帮助降低设备故障率并延长设备的使用寿命。其次，探讨了物联网技术在设备管理中的应用，包括设备的远程监控、性能优化和预防性维护。最后，介绍了物联网技术帮助实验室管理者实时跟踪设备使用情况的方法，优化资源配置，并增强实验室的安全监控。

通过本章的学习，读者能够明白数字化与物联网技术如何使实验室设备管理更加高效、精确和安全。这些技术不仅提升了管理质量，也为科研人员创造了更优越的工作环境，支持了科研活动的高效进行。展望未来，这些技术的进一步发展和应用将继续推动实验室管理向更智能化、自动化的方向发展。

第六章　数字化时代下的高校实验室任务管理

实验室任务管理包括教学实验和科研实验的计划、执行和监控。在数字化时代，高校实验室任务管理的关键在于如何结合现代信息技术来优化实验教学和科研实验的管理。本章将从实验教学管理和科研实验管理两个方面进行详细阐述。

第一节　实验教学管理

实验教学是高校实验室核心活动之一，其目的在于通过实践活动帮助学生理解理论知识，提升解决实际问题的能力。高校实验教学的主要目标在于在训练学生基础技能的过程中，提高学生的实践以及创新能力，提升其实践操作技能。在进行实验过程中，通过问题的提出与解决培养学生探索进取以及坚韧不拔的精神。而要想实现该目标则需要良好的实验教学管理作为支持（孙浩森，2020）。就当前高校实验教学来看，不少学校的教学管理仍存在一些问题急需改进。王鑫（2018）指出高校实验教学管理中存在的问题包括缺乏充分利用实验设备资源；实验教学师资不足，管理人员配备不到位；实验教学理念陈旧，缺少突破和创新等问题。

将实验引入教学的过程可追溯到文艺复兴时期，在文艺复兴期间，达·芬奇等人强调直接观察和实验验证的重要性，为实验教育奠定了基础。启蒙运动进一步强调了实证和实验。哲学家约翰·洛克和教育家让·雅克·卢梭提倡探究而非死记硬背的方式进行学习。19 世纪见证了实验室在教育机构中的正式整合（滕利荣，2008），尤其在科学领域，由于需要对科学理论进行实际应用，实验室教学在大学中得到了推广。20 世纪见证了实验教学方法向科学之外的其他领域的扩展，包括工程和心理学等。教育心理学作为一门学科的发展，完善了实验教学方法，强调主动学习和学生参与。20 世纪末至 21 世纪初，数字技术的出现彻底改变了实验教育。虚拟实验室、模拟和交互软件让学生能够在虚拟环境中进行实验，实验学习更加易于访问且资源消耗更少。数字化时代为实验教学带来了新的机遇和挑战，当代教育实践继续在实验整合入教学中进行创新，并转向了跨学科和使用技术增强学习体验的方向。

一、实验教学的目的

实验教学的目的可以分为两个方面。

（1）知识理解与应用。实验教学帮助学生将抽象的理论知识转化为实际操作技能，加深对学科知识的理解。

（2）创新能力培养。通过实验设计和问题解决，培养学生的创新思维和科研能力。

二、实验教学的种类

实验教学可分为演示性实验、验证性实验、设计性实验、综合性实验等多种类型。

（1）演示性实验。实验教学的初级形式，理论教学的辅助手段。

（2）验证性实验。帮助学生验证理论知识的正确性。

（3）设计性实验。要求学生自行设计实验方案，增强实际操作和创新能力。

（4）综合性实验。跨学科式的教学，综合运用多门学科知识解决复杂问题。

三、数字化时代下的实验教学体系

在高等教育机构里，实验教学环节在整个教学中占有很重要的地位。实验教学质量的提高与整个教学质量的提高有着密切的联系。因此，组织管理好实验教学对完成人才培养的任务，具有重大的实际意义。在传统教育观念中，有着"重理论、轻实验，重课堂教学、轻实验教学"的倾向。我国高校在实验教学体系建设上尚未形成统一的认识，更没有把创新能力培养作为体系设计的核心和首要任务（孙一民 等，2012）。

1. 实验教学体系建设现状

目前一部分高校的实验教学尚未建立起完整的、科学的体系。在实验教学中存在诸多问题，比如，实验教学依附各课程的理论教学、部分实验内容过于简单粗糙、验证性实验的比重偏多、实验方法以"灌输式"为主、在教学大纲等指导性文件中对实验教学设计不周全、实验教学课时偏少等。

实验教学是连接理论知识与工程应用的桥梁，是培养学生实践能力和创新意识的重要途径，深化实验教学改革和提高实验教学质量是当前高校教学改革的重要任务（李明弟 等，2011）。对于实验教学的改革，不只是设备技术上的革新，教学理念的转变也十分重要。这需要强调现代教育理念的融入，强调以学生为中心，倡导探究学习和协作学习，通过数字平台实现个性化和差异化教学。教师只有秉持现代教学理念，不断强化数字化技能，才能更好地利用数字化工具开展实验教学。

2. 数字化时代下实验教学体系建立原则

在数字化时代下建立实验教学体系，需要遵循一些关键原则，以确保教学活动的有效性和适应性。

（1）学生为中心

教学设计和实施应以学生为中心，关注学生的需求和学习方式。实验教学应促进学生的主动学习和参与，使学生能够通过实际操作来探索和理解知识概念。

（2）融合理论与实践

实验教学体系应确保理论知识与实践技能的有效结合。通过实验活动，学生可以将理论知识应用于实际问题的解决中，从而更深刻地理解课堂上学到的内容。

（3）利用先进技术

充分利用数字化工具和资源，如虚拟实验室、在线模拟程序和互动软件，这些工具可以提供不受物理限制的实验机会，增强学习的灵活性和有效性。

（4）鼓励探究和创新

鼓励学生进行探索和创新，设计开放式的实验项目，让学生自主选择研究主题和实验方法，激发学生的创造力，培养学生的独立思考能力。

（5）跨学科整合

实验教学体系应跨越学科界限，整合多学科知识，以解决复杂的实际问题。这种跨学科方法可以培养学生的系统思维和综合分析能力。

（6）持续评估与反馈

实施定期的教学评估和反馈机制，确保教学内容和方法能够适应学生的学习进展和科技的发展。利用数据分析工具评估学习效果，及时调整教学策略。

（7）安全和伦理考虑

在设计和执行实验教学活动时，必须严格遵守安全和伦理标准。特别是在进行生物、化学或物理实验时，确保所有参与者都了解并遵守相关的安全协议。

（8）可持续发展与环境意识

教学活动应考虑环境影响，推广可持续发展的实验方法。例如，减少一次性材料的使用，优化实验设计以降低能耗和废物产生。

四、实验教学的实施策略

（1）混合教学模式。结合面对面教学与在线数字资源，如视频教程、在线实验操作指导和远程实验设备控制。陈文倩等（2019）提出通过层级分明、难度循序渐进的实验训练，使得学生能够掌握基本的实验操作方法、正确地操作仪器设备、准确地获取与处理实验数据、科学地分析与表达实验结果，进而培养学生科学思维能力、理论联系实际能力以及创新能力。

（2）实时反馈与评估系统。使用数字工具收集学生实验数据，进行实时反馈和评估，优化教学内容和方法。

通过遵循数字化时代下的高校实验教学体系建立原则，借助数字化平台对实验教学的各个环节进行管理，不仅可以提高管理效率，还可以更加有效地培养学生的实验技能和科研素养，同时提升他们的创新能力和综合素质。通过案例 6-1 可以看到实验室信息管理系统在教学实验室中的应用。

案例 6-1　实验室信息管理系统在教学实验室中的应用实例

实验室信息管理系统在教学实验室中的应用包括建立实验室教学信息化平台及实验室教学管理系统。

第一，建立实验室教学信息化平台需要实现教学工作信息化、教学管理信息化、教务管理信息化（如图 6-1 所示）。此类全开放网络化实验教学信息化平台能够提供统一的基础架构服务，使学校师生通过登录统一的信息门户网站进入平台使用教学模拟软件和获取相关学习资源，高效便捷。

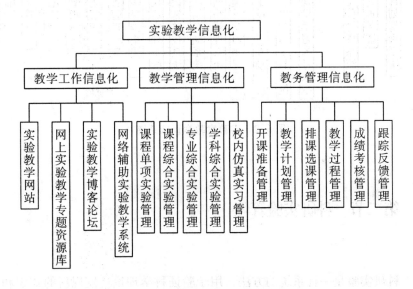

图 6-1　网络化实验教学信息化平台①

第二，建立实验室教学管理系统，以提高实验教学质量与管理水平、实验资源利用率，同时，降低人力成本。实验室教学管理系统需要具备实验项目与课程管理、实验排课、学生成绩管理、仪器设备管理等功能。系统管理员、授课教师等可以通过该系统进行实验室管理控制。学生可以通

---

① 图片引用：胡征，高校经济管理类实验室建设浅析，电子制作杂志，2013 年 07 期。

过登录实验教学系统进行实验教学安排、实验预约、成绩查询等操作。学校师生还可以通过安装在终端机上的实验教学辅助系统进行实验辅助教学与学习（如图6-2所示）。

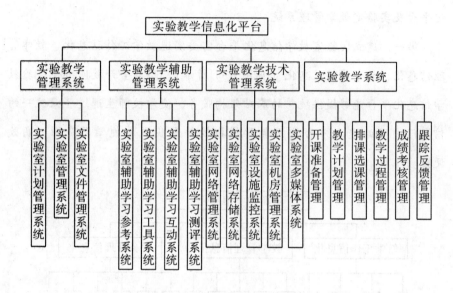

图 6-2　实验室教学管理系统①

第二节　科研实验管理

科研实验是一种系统的方法，用于验证科学理论、发现新的知识和解决技术问题。它通过严格的实验设计、数据收集和分析，探究和评估某种科技的效果。科研实验是科学方法的核心部分，是推动科学进步和技术发展的基本手段。高校科研实验室管理是一项复杂烦琐、细致而又不可缺少的工作。它需要把科学合理的管理模式，健全的管理制度以及系统的管理

---

① 图片引用：胡征，高校经济管理类实验室建设浅析，电子制作杂志，2013年07期。

体系有机结合起来，不断探索与实践，形成共同参与、互相管理和互相监督的科研大环境，以便更好地服务于科研团队的发展、促进科研创新和人才培养，发挥科研型实验室在高等学校科研工作中的作用（肖静 等，2022）。科研实验管理关注如何高效地规划、执行和监控科研项目中的实验活动。在基础科学研究中，高校科研实验室占据着重要地位，不仅是高水平的人才培养和科学研究的重要载体，也是科技创新的发源地（程和平，2020）。

一、科研实验的主要特点

（1）目的性。科研实验通常有明确的研究目的，旨在回答特定的科学问题或测试特定的假设。

（2）系统性。实验设计需要系统地考虑变量的控制和操纵，确保实验结果的可靠性和有效性。这包括对实验条件、样本选择和实验方法的严格控制。

（3）可重复性。科研实验应设计成能被其他研究者重复进行的实验。实验的重复性是验证实验结果可靠性的关键。

（4）可观测性和可测量性。实验中的变量应当是可观测和可测量的，这样才能准确记录数据并进行有效分析。

（5）经验性。科研实验依赖实际操作和观察得到的经验数据，而非仅依赖理论推导。

二、科研实验的基本步骤

（1）问题定义。明确实验的研究问题和目标。

（2）假设提出。基于已有理论或前期研究提出可测试的假设。

（3）实验设计。设计实验的方法和步骤，确定需要控制和测量的变量。

（4）数据收集。按照设计的方法进行实验操作，收集数据。

（5）数据分析。使用统计方法分析实验数据，以检验假设的正确性。

（6）结论总结。根据数据分析的结果，得出结论并提出实验的科学意义和可能的应用。

科研实验不仅限于自然科学领域，如物理、化学、生物学等，也广泛应用于工程技术、社会科学中。这些实验的目的和方法可能各有不同，但都遵循上述基本的科学原则和步骤。通过科研实验，科学家们能够不断探索未知，验证新理论，发明新技术，推动人类知识和社会进步。

三、科研实验管理的任务

科研实验管理是确保科研项目高效进行的关键环节。管理任务不仅包括确保实验的科学性和准确性，还涉及多方面的资源、人员和数据处理。以下是科研实验管理的主要任务。

（1）实验设计与规划

· 明确实验目标：确定实验的科研目的和预期成果。

· 设计实验方法：规划实验步骤、选择合适的实验方法和技术。

· 实验流程优化：确保实验流程高效且符合科研伦理和安全标准。

（2）资源配置

· 设备管理：确保所需的科研设备可用、维护良好且适当更新。

· 材料采购：管理实验所需材料的购买、存储和使用，避免浪费。

· 资金管理：预算规划与控制，确保资金合理分配。

（3）安全与合规性管理

· 制定安全规程：确保所有实验活动遵守相关的安全规定。

· 风险评估：定期进行实验室安全评估，采取措施预防潜在风险。

· 合规审查：确保实验合规，特别是涉及特殊群体或敏感数据时。

（4）人员管理与培训

·团队构建：组建高效的科研团队，确保团队成员具备必要的技能和专业知识。

·培训与发展：定期对科研人员进行技能培训，保持团队的竞争力。

·沟通协调：促进实验团队内部以及与外部合作伙伴的有效沟通。

（5）数据管理

·数据收集与处理：确保数据的准确收集、安全存储和有效处理。

·数据分析与发布：对实验数据进行分析，撰写科研报告和论文。

·知识产权管理：管理与实验相关的知识产权问题，确保研究成果的合法权益保护。

（6）进度监控与评估

·监控实验进度：跟踪实验的进展情况，确保按计划执行。

·效果评估：定期评估实验结果的有效性和科研项目的影响，进行必要的调整。

四、数字化时代下的科研实验管理策略

科研实验室管理是一项复杂的系统化工作。理顺管理体制，建立科学合理的管理模式是实验室管理的必要前提。高度综合、互相交叉、互相渗透是现代科学技术发展的特点之一（孙强 等，2016）。在数字化时代下，科研实验管理的方法更加依赖于技术工具和系统，旨在提升管理的效率和实验的准确性。以下是一些可以帮助高效地管理现代科研实验的方法和策略。

（1）使用实验室信息管理系统

·集成数据管理：实验室信息管理系统可以集中管理所有实验数据，从样品跟踪到结果分析，确保数据的完整性和可追溯性。

·自动化工作流程：自动化实验室的日常操作，减少手动输入错误，

提高数据处理速度。

（2）项目管理软件

·详细的项目跟踪：使用项目管理工具，如 Microsoft Project 或 Asana，来规划、执行和监控实验进度。

·资源分配：有效分配实验室资源，如设备、人员和资金，确保各实验项目均衡运行。

（3）数据分析软件和工具

·高级数据分析：利用统计软件和机器学习工具对实验数据进行深入分析，以发现趋势和模式，支持更准确的科研决策。

·实时数据可视化：提供实时数据仪表板，帮助研究人员即时了解实验状态和结果。

（4）数字化安全和合规性工具

·安全培训平台：通过在线的安全培训和认证，确保研究人员了解并遵守实验室安全规程。

·合规性跟踪：使用合规管理软件确保所有实验活动遵守相关法规和标准。

（5）虚拟实验室和仿真技术

·远程实验：通过虚拟实验室技术进行远程实验设计和测试，尤其在预实验阶段，减少实物资源的消耗。

·仿真软件：使用仿真软件进行复杂实验的预测和模拟，优化实验设计。

（6）云计算和存储

·云基础设施：利用云服务提供弹性的计算和存储资源，支持大规模数据处理和存储需求。

·数据共享与协作：云平台促进团队成员之间的数据共享和协作，特别是跨地域的科研团队。

（7）移动技术和应用

·移动应用：使用专为实验室设计的移动应用程序，实现在实验室内外随时查看和更新实验数据。

·通知和警报：通过移动设备接收实时通知和警报，确保及时响应实验中的任何重要事件。

通过这些数字化方法和工具，科研实验管理可以更加精确、高效和适应快速变化的科研环境。这不仅提高了科研工作的质量，也增强了科研团队的协作能力与创新能力。

第三节　小结

本章探讨了数字化时代下高校实验室任务管理的两大主要领域：实验教学管理和科研实验管理，并展示了如何优化这两个关键领域的管理，从而提高教学和研究的效率与效果。

实验教学管理部分详细介绍了实验教学的目的、作用、种类，并特别强调了数字化工具如何改变传统的实验教学方法。通过历史回顾和现代实践的对比，本部分展示了实验教学如何逐渐融入先进的数字化教学工具和理念，特别是如何通过虚拟实验室和模拟软件来增强学生的学习体验。这些工具不仅使实验教学更加灵活和易于访问，还促进了差异化教学的实现。

科研实验管理部分则关注于科研实验的系统性和规范性。探讨了科研实验的基本特点如目的性、系统性、可重复性、可观测性和经验性等。此外，详细阐述了科研实验的基本步骤，从问题定义到结论总结，并强调了数字化工具在每一步中的应用，如数据管理系统和项目管理软件。这些工具帮助科研人员高效地规划、执行和监控实验活动。

　　数字化不仅提高了管理的效率，也提升了实验教学和科研实验的质量。尤其是在资源优化、数据分析、远程协作和进度监控等方面，数字化技术提供了前所未有的机遇。通过本章的讨论，可得知有效地结合信息技术和教育管理是实现高校实验室管理的关键。随着技术不断进步，未来高校实验室任务管理将继续朝着更加智能化、自动化的方向发展。这又将进一步促进科研与教学活动的创新和优化。

第七章　数字化时代下的高校实验室安全管理

随着国民经济的高速增长和科教兴国战略的贯彻实施，我国高校办学规模迅速扩大，实验教学快速发展，科研活动空前活跃，进入实验室的各类人员和教学科研设备均大幅增加。化学试剂和仪器设备的频繁使用，致使危险化学品与实验废弃物对环境和健康构成的威胁日益增加，仪器操作和用电安全事故的发生概率正在增加，实验室安全问题逐渐凸显（黄坤等，2015）。在高校实验室中，安全管理是维护学生、教师和研究人员安全的重要组成部分。本章将探讨实验室安全的重要性、常见的安全事故类型，以及数字化时代如何通过先进的技术和方法来强化实验室的安全管理。

第一节　实验室安全的重要性

实验室安全是科研和教学活动中不可忽视的一环。良好的安全管理不仅保护实验参与者免受伤害，也保障实验数据的准确性和实验设施的完整性。实验室事故往往会导致昂贵设备的损失和重要数据的丢失，严重时甚至会引起法律责任和公共关系危机。

在我国高等学校的实验室中发生过一些重大安全事故，这些事故反映出实验室安全管理的重要性和亟待改进的地方。例如，2015年北京某高校化学实验室爆炸，事故原因是在进行化学反应过程中，由于操作不当和安全措施不足，化学物质发生爆炸，多名学生受伤，除了人员伤害，实验室设施严重损坏，学校面临巨大的经济损失和声誉损害；2017年上海某高校实验室化学泄漏，事故是因实验室内存放的化学试剂未按规范存储，导致有毒气体发生泄漏，工作人员紧急疏散了整个实验楼的相关人员，所幸没有造成严重的人身伤害，但引发了广泛的社会关注，也对高校实验室安全管理提出了质疑；2018年武汉某高校实验室火灾，火灾是由于电路故障，火势迅速蔓延，消防部门紧急介入扑救，该火灾造成实验室设备损毁，对学校的科研工作造成了一定的影响。

这些案例表明了实验室安全的重要性。实验室安全不仅关系到人员的生命安全，还直接影响到科研设施的完整性和学校的整体运营。因此，加强实验室安全管理，采取预防措施，规范操作流程，定期进行安全教育和培训是至关重要的。

第二节　实验室常见安全事故类型

（1）化学事故。包括化学品泄漏、爆炸和中毒事件，这些事故通常由不当存储、错误混合化学品或个人防护装备使用不当引起。

（2）生物安全事故。生物材料的误用或泄漏导致感染或生物污染。

（3）物理伤害。如割伤、烫伤，常由操作失误或设备故障引起。

（4）电气安全事故。不当的电气设备使用或维护不善可能导致电击或火灾。

（5）辐射事故。包括对辐射源的不当处理或保护措施不足引起的辐射超标。

第三节　实验室安全应急处理办法

实验室安全应急处理是实验室安全管理中不可忽视的一部分。良好的应急措施可以在事故发生时降低伤害和损失。以下是一些常见的实验室安全事故及其应对策略。

1. 化学品泄漏或溢出

（1）立即通知。发现化学品泄漏时，立即通知实验室负责人和安全人员。在处理泄漏之前，确保穿戴适当的个人防护装备，如手套、护目镜和防护服。

（2）限制区域。对泄漏区域进行隔离，防止污染扩散。

（3）使用紧急处理套件。使用中和剂、吸附材料或封堵材料处理泄漏，然后按照有关规定处置污染物质。

2. 火灾

（1）使用灭火器。对于初期火灾，使用适当类型的灭火器进行扑灭。

（2）疏散。如果火势无法控制，立即按照疏散计划安全撤离。

（3）关闭气源和电源。在安全的情况下，关闭实验室内的气源和电源，以防火势扩大。

（4）报警。立即拨打消防电话，通知消防部门。

3. 人员受伤

（1）提供急救。对受伤人员进行初步的急救处理，如止血、清洁伤口等。

（2）求医。根据伤情严重性，立即联系急救车辆或将伤员送往最近的医疗机构。

（3）记录和报告。详细记录事故经过和处理措施，并向相关部门报告，以便进行事故调查和未来预防。

4. 电气事故

（1）切断电源。发生电气事故时，首先切断事故相关的电源。

（2）非接触救援。确保在进行救援时不直接接触受电击者和电源，使用绝缘的救援工具。

（3）紧急医疗。在确保场景安全后，立即为受害者提供必要的急救措施，并尽快联系医疗人员。

5. 辐射泄露

（1）限制接触。立即撤离辐射泄漏区域，并设立警告标志。

（2）测量辐射。使用辐射检测仪器确定受影响区域的辐射水平。

（3）专业处理。由专业的辐射安全人员来处理泄漏和清理工作。

通过制定详细的应急预案并定期进行安全演练，实验室工作人员可以提高应对这些紧急情况的能力，减少潜在的风险和损失。

第四节　数字化时代下实验室安全管理措施

在数字化时代，实验室安全管理可以通过一系列现代技术手段进行强化。

（1）数字安全监控系统

·实时视频监控：使用网络摄像头对实验室的关键区域进行实时监

控，以便及时发现和响应潜在的安全隐患。

·传感器监测：部署各种传感器（如烟雾探测器、有毒气体探测器）监控实验室环境，自动警报异常状态。

（2）电子安全培训和认证系统

开发在线安全培训课程，要求所有实验室使用者完成相关安全培训并通过考核获取认证，以确保他们了解安全规程和应急措施。

（3）智能安全管理平台

使用专门的安全管理软件，集成事故记录、风险评估、安全检查和维护日志等功能，便于管理和追踪安全相关的数据和记录。

（4）虚拟现实安全模拟

利用 VR 技术进行危险实验操作的模拟训练，学生和研究人员在安全的虚拟环境中学习处理各种潜在的危险情况。

（5）移动应用和提醒系统

开发移动应用程序提供实验室安全指南、事故报告功能和实时安全提醒，增强实验室安全意识和响应能力。

通过这些措施，数字化时代下的高校实验室实现更高效和更系统的安全管理，大幅降低安全事故的发生率，保障实验室成员的安全与健康。这些技术不仅提高了安全管理的及时性和准确性，还通过数据驱动的方法优化了整体的安全策略。

第五节　小结

本章详细讨论了数字化时代下高校实验室安全管理的重要性、面临的挑战以及应对措施。实验室安全是保障学生、教职员工健康与安全的核心环节。有效的安全管理不仅能防止严重的人身伤害和财产损失，还有助于维持教育和研究活动的连续性。通过分析常见的实验室安全事故类型和采用现代技术强化安全管理，为高校实验室提供一套全面的安全管理框架。本章探讨了包括化学泄漏、火灾、人员受伤、电气事故及辐射泄漏等多种常见事故类型，每种类型都对应特定的预防和应对策略，并突出了数字化预防在实验室安全管理中的重要性。

数字化技术的应用是本章的重点，包括实时视频监控系统、电子安全培训和认证系统、智能安全管理平台、虚拟现实安全模拟以及移动应用和提醒系统。这些工具和系统为实验室安全管理提供了新的解决方案，增强了对潜在危险的监控、响应和预防能力。在数字化时代，高校实验室安全管理必须紧跟技术发展的步伐，采用创新的工具和方法以提高安全管理的效率和效果。通过实施先进的安全技术和系统，高校实验室不仅可以有效防控各类安全风险，还能培养学生的安全意识和责任感，为实验室创造一个更安全的环境。

通过本章的学习，读者能够理解现代的、系统化的实验室安全管理策略，在实施中有效地降低事故发生的风险。

第八章　数字化时代下的高校实验室管理人才培养

在数字化时代，科技的快速进步对实验室管理提出了新的要求。高校实验室不仅需要管理传统的教学活动和科研活动，还需要应对日益复杂的数据处理、设备自动化、信息安全等挑战。因此，培养能够适应这些变化的实验室管理人才成为高校的一个重要任务。本章将探讨在数字化背景下实验室管理人才培养的重要性，以及数字化实验室管理人员所需的核心技能，并提供针对实验室管理人员的培训方案。

第一节　高校实验室管理人才培养的意义

随着信息技术和自动化技术融入实验室管理，传统的管理模式已无法满足现代实验室的需求。培养具备数字化技能的管理人才是实验室顺利运作的关键。一是数字化管理人才能够有效地使用现代信息系统，如实验室信息管理系统、电子实验室笔记本等，这些工具可以大幅提高数据处理的效率和精确性，优化实验设计和资源配置。二是具备数据安全意识和技能的管理人才可以确保实验室数据的安全和符合法律法规的数据处理。

管理人才的培养是实现实验室可持续发展的基石。他们不仅需要管理现有的科研活动和资源，还应预见未来的挑战并制定相应的策略。在全球化的科研环境中，能够有效管理和利用科技资源的实验室才具有更强的竞争力。培养适应数字化要求的管理人才，可以帮助实验室抓住科技发展的机遇，推动科研方法的革新和科研成果的快速转化，保持科研优势。

通过深入探讨数字化时代实验室管理人才的培养意义和重要性，可以明确现代实验室面临的新挑战，并据此调整和优化人才培养策略，以满足未来实验室管理的复杂需求和挑战。接下来的内容将详细讨论新时代实验室管理人员所需的核心技能。

第二节　数字时代实验室管理人员的技能要求

随着科技的快速进步和实验室环境的不断变化，实验室管理人员需要掌握一系列核心技能，以应对新时代的挑战。这些技能不仅涉及传统的管理知识，还包括多种与数字技术相关的能力。以下是数字时代实验室管理人员所需的核心技能。

（一）数据管理与分析技能

·技能描述：能够有效管理大量的实验数据，使用数据分析工具（如SPSS、Python 等）来提取数据中的有用信息，支持实验室决策和科研活动。

·重要性：数据是现代实验室的核心资源之一，管理人员必须能够处理和分析数据，确保数据的准确性和可靠性。

·应用场景：

（1）科研数据分析。利用统计和数据分析技术处理实验数据，识别趋势，验证科研假设。

（2）实验室性能评估。通过分析设备使用数据、实验结果等，评估实验室的整体性能和效率，找出改进方向。

（二）信息技术应用

·技能描述：熟练使用实验室信息管理系统、电子实验室笔记本以及其他科研信息系统。

·重要性：随着实验室管理数字化的推进，掌握相关信息技术是提高工作效率和实验室运行效能的关键。

·应用场景：

（1）系统管理。操作和维护实验室信息管理系统，确保数据准确录入、安全存储和便捷检索。

（2）技术支持。解决实验室内部的技术问题，如软件故障、硬件兼容性问题等，确保技术设施的正常运行。

（三）项目管理

·技能描述：具备规划、执行和监控实验室项目的能力，能够有效管理时间、预算和资源，确保项目按期完成。

·重要性：实验室管理人员常常需要同时管理多个科研项目，强大的项目管理能力是保证项目成功的基础。

·应用场景：

（1）项目规划与执行。设计实验室的科研项目，规划时间线、预算和资源，监控项目进度，确保按期达成目标。

（2）风险管理。识别项目中可能的风险点，制定应对策略，减少项目延误和超支。

（四）沟通和协作

·技能描述：优秀的沟通能力和团队合作精神，能够与科研人员、技术支持人员及行政人员有效交流。

·重要性：实验室是一个多学科、跨领域的合作环境，有效地沟通协作是必需的。

·应用场景：

（1）团队协调。在实验室成员之间建立有效的沟通渠道，促进信息的流通和资源的共享，提高团队协作效率。

（2）冲突解决。处理团队内部的矛盾和冲突，维护良好的工作氛围，确保项目顺利进行。

（五）法规与伦理遵从

·技能描述：了解并遵守相关的法律法规和伦理要求，如数据保护法规、实验伦理等。

·重要性：保证实验室活动合法合规，维护实验室和机构的声誉。

·应用场景：

（1）合规性检查。确保实验室所有活动符合相关法律法规和伦理要求，如实验室安全规范、数据保护法等。

（2）培训与指导。对实验室成员进行法规和伦理方面的培训，提升团队的法律意识和伦理素养。

（六）安全管理

·技能描述：掌握实验室安全管理知识，能够识别和评估潜在的安全风险，实施有效的安全措施。

·重要性：实验室安全是避免事故和保护人员安全的基本要求。

·应用场景：

（1）安全培训。定期对实验室成员进行安全操作的培训，确保团队成员熟悉应急程序和安全操作规程。

（2）事故预防和应急响应。制定和实施实验室安全策略，进行事故风险评估，准备应急响应计划，快速解决突发事件。

通过掌握这些核心技能，实验室管理人员不仅能有效管理日常科研活动，提升实验室的整体运营质量，还能有效地应对当前的挑战。在实验室管理的数字时代，这些技能的重要性不断增加，成为影响实验室管理人员职业发展的关键。

第三节　高校实验室管理人员的培训方案

为了适应数字化时代对实验室管理人员的新要求，专门的培训方案显得尤为重要。通过系统的培训，可以有效提升管理人员的专业技能和综合素质，从而优化实验室的管理效率和科研成果的质量。高校行政管理部门可考虑设立专门针对实验室管理人员的培训基金，利用该基金定期派遣相关实验室人员到其他高校及科研院所进行技术培训与交流，逐步完善和提高实验人员的自身素质（于航，2015）。

本节将详细介绍针对实验室管理人员的培训方案和相关资源。根据高校实验室管理人员需要掌握的核心技能，制订的培训内容包括数据管理与分析、信息技术相关应用、项目管理技能、沟通和协作能力提升、法律意识提升、安全管理技能等。

1. 数据管理与分析培训

·培训内容：包括基础的数据统计方法、高级数据分析技术（如机器学习）及使用各类数据分析软件的操作。

·学习资源：在线课程（如 Coursera 上的数据科学课程）、实际操作研讨会、内部分享会。

2. 信息技术应用培训

·培训内容：教授实验室信息管理系统、电子实验室笔记本的配置和使用。

·学习资源：供应商提供的培训、IT 专家的工作坊、自学教材。

3. 项目管理技能培训

·培训内容：项目规划、时间管理、资源协调、风险评估及应对措施。

·学习资源：项目管理专业课程、实验室内部的案例学习、模拟项目练习。

4. 沟通和协作能力提升

·培训内容：有效沟通技巧、团队协作方法、冲突解决策略。

·学习资源：沟通技巧工作坊、团队建设活动、在线协作工具的使用培训。

5. 法规与伦理遵从培训

·培训内容：相关法律法规、数据保护政策、科研伦理。

·学习资源：法律顾问讲座、在线伦理课程、案例讨论会。

6. 安全管理培训

·培训内容：实验室安全规程、应急响应操作、安全事故预防。

·学习资源：安全操作证书课程、实战演练、安全预案制定指导。

通过上述培训方案的实施，实验室管理人员将获得必要的技能和知识，以便更好地应对数字化时代的挑战。培训不仅能够提高个人的职业能力，也能直接提升整个实验室的管理水平。这些培训资源的合理利用，将为实验室创造一个更加专业、高效、安全的工作环境。

第四节 小结

随着科技的快速发展，实验室管理人员需要掌握一系列多样化的技能，以适应日益复杂的实验室环境和管理需求。本章详细介绍了实验室管理人员在新时代所需的核心技能，并提供了相应的培训方案，旨在帮助他们有效地提升这些必要的能力。

本章一是讨论了实验室管理人员应具备的六大核心技能，包括数据管理与分析、信息技术应用、项目管理、沟通和协作、法规与伦理遵从以及安全管理。这些技能不仅帮助管理人员优化日常工作流程，提升工作效率，还确保了实验室操作的安全性和合规性。为了系统地提升这些技能，二是介绍了详细的培训方案，涵盖了从在线课程到工作坊、从内部分享会到实战演练的多种形式。这些培训旨在通过理论学习和实践操作相结合的方式，帮助管理人员掌握实验室管理的现代方法和工具。

随着实验室数据量的增长和实验技术的进步，实验室管理已经变得更加专业。因此，持续的人才培养对维护实验室的竞争力至关重要。通过实施有效的培训和发展计划，实验室管理人员不仅能够提升个人职业技能，还能极大地推动整个实验室向更高效的方向发展。通过本章的学习，读者应能够理解在数字化快速发展的背景下，为什么实验室管理人才的培养如此重要，并认识到专业培训在提升实验室管理质量中的重要作用。

第九章 数字化时代下的高校实验室管理创新与案例

　　在数字化时代，高校实验室管理面临着诸多挑战，同时也拥有前所未有的创新机遇。高校实验室作为科学研究的主要基地，是培养应用型人才的教育平台。高校实验室运行效率不仅影响高校整体的办学水平，还能够反映实验教学水平的高低。因此，探讨如何提升高校实验室管理工作水平，是高校管理者需要重视的话题，也是高校适应教育快速发展的现实需要（高璇，2020）。本章将探讨国内外高校在实验室管理方面的创新实践，分析这些创新案例的成效与启示，以及分析如何在不同环境中推广这些成功的策略。

第一节 国内外高校实验室管理创新现状

　　随着数字化和信息技术的快速发展，国内外高校实验室管理正在经历前所未有的创新变革。这些变革涵盖了从实验室基础设施的自动化升级到数据管理系统的智能化，以及从协作机制到安全监控的现代化。以下是一些高校实验室管理创新发展的趋势，展示了当前国内外高校实验室管理创新的现状。

一、自动化与智能化设备管理

美国斯坦福大学和英国牛津大学等国外顶尖高校已经在实验室设备管理上实现了高度自动化和智能化，通过引入先进的实验室信息管理系统和集成式设备监控系统，实现了设备使用的最大效率和故障的最小响应时间。国内的清华大学和浙江大学等也在积极推动实验室设备的智能化管理，通过建立设备共享平台和远程监控系统，优化资源利用并提升研究效率。

二、数据驱动的决策支持系统

数据驱动的管理决策已成为全球高校实验室管理的重要趋势。利用大数据分析和机器学习技术，实验室管理者能够从大量复杂的数据中提取有价值的信息，支持更精确的科研项目管理和资源分配。例如，澳大利亚国立大学利用数据分析支持环境影响评估，而我国的部分高校则通过数据分析优化实验室运营和成本控制。

三、跨学科协作平台

数字化技术促进了跨学科研究的发展，许多高校通过建立虚拟实验室和在线协作平台，打破了传统学科间的界限。这些平台使得远程科研合作成为可能，极大地提升了研究的灵活性和效率。例如，德国的某大学利用云计算服务支持复杂的数据集分析和大规模科研合作。

第二节　国内高校实验室管理创新案例

为深入贯彻落实国家关于开展"人工智能+"行动的战略部署，深化"人工智能+高等教育"的探索和实践，国内多所高校结合实际，利用数字化技术支撑人才培养模式的创新、教学方法的改革、教育治理能力的提升，涌现出一批"人工智能+高等教育"典型应用场景案例。

案例9-1　XX大学智慧实验室实验教学管理系统

近年来，XX大学结合实际情况，积极推进人工智能在高等教育教学中的广泛应用。该大学针对传统实验教学中的问题和人才培养数字化转型的需求，建设智慧实验室并打造了一个集虚拟仿真实验教学、智慧实验教学、智慧实习教学和智慧实验室管理于一体的智慧实验室实验教学管理系统，如图9-1所示。

图9-1　智慧实验室实验教学管理系统整体设计示意图

该智慧实验室的建设遵循以学生为中心的原则，引入物联网和人工智能技术，对实验室内的实验台、电子班牌、讲台等设备进行数字化改造。通过软硬件同步建设，搭建智慧化教学场景，推进实验教学模式的创新。

该系统可对实验室设备、试剂和实验过程进行智能化管理，并及时保存实验教学过程中的数据，为教师提供资源和数据支持以改进和优化实验教学。系统还可进行教师高清示教、小组对比教学、教学视频回溯、师生行为统计、教学过程分析等操作，实现本科实验教学"教学管评测"全方位智慧化管理。

该系统改善了实验课堂体验，促进了师生间的及时互动，使教师能够迅速针对实验案例中的成功或失败进行讲解和剖析，有效提升了本科实验教学的效果。

案例9-2：XX大学口腔医院"口腔虚拟仿真智慧实验室的建设与应用"

XX大学为适应信息化时代对口腔医学实验教育教学创新发展的要求，开创并探索规范化口腔临床操作技能教学的新途径，逐步建立完善的口腔医学虚拟仿真教学体系，开始筹建口腔虚拟仿真智慧实验室。

该智慧实验室依托虚拟仿真技术和大数据，深度融合智能物联、智能管理、智能学习与智能评估，成为多维度智能一体化的虚拟仿真训练中心。实验室分为讲授区、线上训练区和虚拟仿真训练区，汇聚了多项国家级课程、教改项目和教学成果。线上训练区和虚拟仿真训练区共同实现多模态教学、训练和评估，实现教学智慧化。

该实验室由多个训练部分组成。第一部分包括有十多台虚拟现实口腔训练系统，每套系统涵盖多个专科临床操作技巧训练模块。第二部分包括有多台混合现实口腔修复虚拟仿真训练系统，用于口腔修复临床技能的训练考核，能够模拟临床实际场景。第三部分包括二十多台高性能图形工作站用于运行线上虚拟仿真实验课程，涵盖了口腔专业 10 大类 40 余个虚拟仿真实验项目。学生可以在智慧实验室中进行多个专科的临床操作技能和临床思维的学习与训练。

案例 9-3　XX 大学"大学物理课程智慧 AI 助教系统"

XX 大学近几年通过智能技术的应用，创新人才培养模式，改革教学方法，提升教育治理能力。该学校建立了大学物理课程智慧 AI 助教系统，积极开展人工智能在教育教学领域的创新应用，探索新型教学模式和未来学习方式。

"大学物理课程智慧 AI 助教系统"充分运用人工智能技术全方位赋能大学物理课程教学。该系统为教师提供智慧管理和智能决策支持，为学生提供自适应学习路径和个性化学习指导，显著提升了课程的教学质量和学生的学习体验。

该系统支持建立大学物理课程的知识图谱，实现知识可视化。此外，该系统通过记录学生信息及其学习数据形成精准的学生画像，从而进行个性化资源推荐和学习指导。教师也可以通过系统数据更好地掌握学生学习情况，以进行教学优化。

该学校深入贯彻"人工智能+高等教育"的探索和实践，积极开展"AI+教学"试点课程建设、"AI+教育"教改专项设立、"AI+教育"示范典型树立、"AI+X"交叉专业群布局，对教学从模式到内容进行全方位改革创新，通过人工智能技术塑造高等教育新生态。

第三节 评估与反馈

以上介绍的这些案例显示，通过数字化技术的应用，实验室管理不仅能够提升效率和精确性，还能增强科研工作的可持续性和安全性。高校应当鼓励跨学科合作，整合不同领域的技术和资源，发展适合自身特点的管理模式。持续的技术更新和人员培训同样重要，这可以确保实验室管理系统与时俱进，最大限度地发挥其效用。

一、效果分析

通过详细分析国内外高校实施的数字化实验室管理系统案例，可以看到数字化技术如何革新传统实验室管理模式。这些技术的应用不仅提升了管理的效率和精确性，也显著增强了科研工作的可持续性和安全性。

（1）减少人为错误。实例中的智能化和自动化解决方案通过减少依赖人工操作，显著降低了人为错误，从而提高了实验数据的可靠性和整体实验的准确度。

（2）优化资源配置。通过智能系统的数据分析和资源管理功能，高校能够更有效地分配实验室资源，如设备使用、能源管理和物料消耗，实现成本效益最大化。

（3）提升安全与环保标准。特别是环境监控和安全系统的实施，增强了实验室对危险条件的预警能力，同时促进了环保和可持续发展的实践。

二、借鉴学习

从这些成功的案例中，高校可以汲取多种宝贵经验和启示，以指导自己的实验室管理策略和实践。

（1）需求驱动的系统设计。深入理解实验室的具体需求和面临的挑战是设计有效管理系统的关键。每个实验室的需求可能不同，因此定制化的解决方案往往更能有效地解决问题。

（2）鼓励跨学科合作。高校应当鼓励实验室间的跨学科合作，整合不同领域的技术和资源，开发出符合学校特色和需求的创新管理模式。

（3）持续的技术更新和培训。为了保持管理系统的有效性和先进性，持续的技术更新是必不可少的。此外，定期对实验室人员进行技术培训同样重要，这确保每个成员都能熟练地使用新系统和设备，最大限度地发挥系统的效用。

（4）强化数据安全和隐私保护。随着数据量的增加和管理的复杂性提升，确保数据安全和隐私的重要性也随之增加。实验室管理系统需要加强数据保护措施，以避免数据泄露和其他安全问题。

这些评估与反馈不仅为实验室管理的实际操作提供了指导，也为未来的策略制定和技术选择提供了方向。

第二节　小结

本章内容探讨了国内外高校在实验室管理领域的数字化创新实践。通过具体的案例分析，展示了数字化技术如何有效提升实验室的管理效率、科研产出质量以及环境安全水平。这些案例显示出数字化解决方案在实验室管理中的多重好处，包括提高效率和准确性、促进可持续发展和安全性、加强跨学科合作和国际合作。从这些创新案例中可以看到高校数字化实验室需要定制化解决方案、保持技术更新和持续员工培训、强调数据安全的重要性。

通过本章的讨论，读者能逐步了解适应并利用数字化技术是现代高校实验室管理发展的必由之路。这些成功的管理模式和创新案例为其他高校提供了可行的路径和宝贵的经验，指明了实验室管理未来的发展方向。这些知识和经验对任何寻求提高其科研管理水平的实验室都具有重要的参考价值。

第十章 结论、建议与展望

本书探讨了数字化时代下高校实验室管理的各个方面，从全球趋势的背景分析到具体的管理实践和创新案例，每一章都围绕数字化转型优化实验室管理展开详细探讨，回顾实验室管理在应对数字化挑战中的变革，突出了数字技术在提升管理效率、优化资源配置以及增强科研能力方面的关键作用。

第一节 结论

本书前面部分介绍了数字化转型的全球趋势，及其对高等教育和实验室管理带来的影响。特别强调了在快速变化的科技环境中，高校实验室管理需采取何种策略以保持竞争力和创新力。同时，阐述了高校实验室管理的现状与挑战，介绍了传统管理模式下存在的问题，如资源利用低效、数据管理不精确、安全风险等，并探讨了数字化解决方案如何应对这些问题。

第一，针对资源利用低效的问题，本书提出可引入自动化设备预约系统和资源管理系统。传统模式下，实验设备的使用安排通常依赖于人工记录，容易出现资源冲突和空闲时间增加的问题。引入自动化的设备预约系统后，研究人员可以通过在线平台查看设备的可用时间，系统会自动记录使用时间和状态，确保设备高效利用。此外，传统实验室资源分配不均，可能导致资源浪费或短缺。通过集成资源管理系统，实时跟踪实验室资源的使用情况，自动补货提醒和库存管理，有效优化资源配置，提高资源利用率。

第二，针对数据管理不精确的问题，本书提出可通过数字化平台进行集中的数据存储和管理，实现高效的数据共享和协作。传统模式下的数据管理依赖于手工记录，容易出现数据丢失或错误。数字化平台通过集中的数据存储系统，保证数据的完整性和一致性，研究人员可以快速访问历史数据，进行跨时空比较和分析。同时，数字平台支持高效的数据共享和协作，校内外的研究者可以轻松共享实验数据和研究成果，加速科研合作和知识传播。

第三，对于安全风险问题，本书提出的数字化解决方案是使用自动安全监控和合规性自动检查。传统管理模式依赖于个别人的经验和责任感，存在安全隐患。数字化方案通过自动化系统实时监控实验室环境和设备状态，及时调整和优化资源使用，减少人为错误，提高实验室安全性。数字技术还可以帮助实验室管理者更好地了解和遵守最新的法规，系统定期进行自我检查，确保所有操作都在合规的框架内进行。

第四，关于流程优化问题，本文提出的数字化解决方案是实施电子实验室笔记本系统，用于取代传统的纸质笔记，以数字化形式记录和存储实验数据，确保信息的完整性和可追溯性。此外，根据各单位实际情况开发集成资源管理系统，实现实验室内资源（如化学品、试剂和耗材）的统一管理，通过系统自动追踪库存和预警低存量，优化采购和库存控制。

接下来的章节提出了数字化转型的策略与实施，详细描述了实验室信息化平台的建设，包括技术架构、功能模块以及实施过程中的挑战和解决方案。针对数据的处理与应用，分析了数据管理的重要性，并介绍了通过先进的数据分析技术如何提升决策支持和科研效率。例如，通过应用统计分析、机器学习和数据可视化等技术，管理者能够从庞大的数据中集中提取有价值的信息，优化资源配置、性能监控、质量控制、预测分析和决策支持，极大地提升实验室的运营质量和科研产出的质量。

对于设备与资源的数字化管理，在对应章节探讨了如何通过物联网和智能化技术提升设备管理的效率和安全性。比如，实施设备数字化登记系统的步骤，包括设备采购、日常使用、维护和报废等各个阶段的管理。在设备管理时采用物联网技术，包括设备的远程监控、性能优化和预防性维护，增强实验室的安全监控。

此外，书中提出了实验室任务管理在教学和科研两个领域中的应用，展示了如何利用数字工具和平台来增强实验教学的互动性、可访问性和个性化学习。通过虚拟实验室和在线协作工具，高校能够突破地理和时间限制，提供更灵活和包容的学习环境。

第七章探讨了实验室安全管理的数字化转型，重点讨论了如何通过实时监控系统、智能报警和虚拟现实技术来提升安全防护水平和应急响应能力。高校实验室管理人才培养与发展相关内容，主要讨论了在数字化背景下，实验室管理人才的培养策略和核心技能，强调了终身学习和技能更新的重要性。

在第九章中，对数字化高校实验室管理创新项目进行介绍，通过国内外成功案例，展示了数字化技术如何在实际应用中转变传统的实验室管理模式，带来效率提升和成本降低。首先，深入理解实验室的具体需求和面临的挑战，进而通过需求驱动设计系统；其次，鼓励跨学科合作，通过整合不同领域的技术和资源，开发出符合学校特色和需求的创新管理模式；

再次，为了保持管理系统的有效性和先进性，持续进行技术更新和培训；最后，随着数据量的增加和管理的复杂性提升，提出强化数据安全和隐私保护，以避免数据泄露和其他安全问题。

第二节　建议

随着信息技术的快速发展，我们见证了从传统实验室管理向高度自动化和智能化管理的重大转型。通过对前述管理创新进行效果分析和总结，本小节将基于全书的主要观点，从"技术革新""流程优化""管理策略""资本配置与投资"等方面，对数字化时代下的高校实验室管理提出建议。

一、技术革新

高校实验室的管理正在经历前所未有的技术革命。通过引入物联网、人工智能、大数据分析和云计算技术，实验室管理变得更加精准和高效。物联网技术使得设备的实时监控和维护成为可能，而人工智能则在数据处理和实验设计优化中发挥着关键作用。

（1）引入先进的实验室自动化设备。自动化设备的引入，如自动化液体处理系统和高通量筛选设备，可以提高实验的准确性和重复性。

（2）部署机器学习算法。机器学习算法可用于数据分析，帮助研究人员从复杂的实验数据中识别模式和预测趋势，从而加速科学发现。

（3）物联网的集成应用。通过在实验室设备上安装传感器，实时监控设备状态并自动报告故障或维护需求，以减少停机时间并提高运行效率。

（4）增强现实技术和虚拟现实技术的应用。在复杂实验和培训中使用增强现实技术和虚拟现实技术，为学生和研究人员提供沉浸式学习体验。

未来，随着人工智能与机器学习的进一步整合，数据分析将更加深入，科研人员将从大规模实验数据中提取有价值的知识。

二、流程优化

数字化技术的应用不仅提升了实验室设备的管理效率，还改进了实验室的整体工作流程。自动化的数据记录和管理系统减少了人为错误，提高了操作的透明性和追踪性。在实验预约和资源分配方面，数字化系统通过动态调度和优化资源使用，显著提升资源利用率。

（1）实施电子实验室笔记本系统。该系统取代传统的纸质笔记，以数字化形式记录和存储实验数据，确保信息的完整性和可追溯性。

（2）开发集成资源管理系统。实现实验室内资源（如化学品、试剂和耗材）的统一管理，通过系统自动追踪库存和预警低存量，优化采购和库存控制。

（3）自动化样本处理。使用条码或 RFID 技术进行样本追踪，减少手动处理错误，提升处理速度和准确性。

（4）优化实验室空间布局。根据工作流程重新设计实验室空间布局，确保高效利用空间，减少不必要的移动和时间浪费。

未来，流程优化将进一步推向智能化调度，实时反馈和自我优化系统将成为常态。

三、管理策略

随着实验室管理的数字化，管理者需要掌握新的技能和策略来应对日益复杂的技术环境。集成式信息系统为管理者提供了前所未有的数据支持，使决策过程更加倾向数据驱动和结果导向。此外，跨学科的协作模式和创新团队的管理模式也越来越受到重视。

（1）推行精益管理。采用精益思想，持续优化实验室的工作流程，消除浪费，提高效率。

（2）跨学科团队建设。鼓励形成跨专业背景的团队，促进不同领域知识的融合，增强创新能力。

（3）持续教育与培训。定期为实验室员工提供最新的技术和管理培训，确保团队能够高效使用最新技术。

（4）实施动态评估和反馈机制。建立定期评估和即时反馈系统，持续监控管理策略的效果，及时调整改进措施。

未来，管理策略将更加侧重如何构建一个协作、开放和创新的研究环境。

四、资本配置与投资

有效的资本配置对高校实验室的现代化建设至关重要。随着技术的迅速发展，先进设备和系统的投资需求持续增长。实验室需要制定明智的资本支出计划，以确保投资回报最大化。

（1）制定科学的资本投资计划。基于实验室的长远需求和预算制定投资计划，优先考虑对提升研究和教学质量影响最大的投资。

（2）探索多元化资金来源。除了传统的政府和学校资金，积极探索行业合作、科研项目合作，以及创新项目的投资机会。

（3）投资回报率评估。在进行任何大规模投资前，评估其潜在的回报率，确保投资的有效性和合理性。

（4）强化风险管理。对于所有投资项目，实施严格的风险评估和管理策略，以防潜在的财务损失。

未来，资本投资将更多地考虑到技术的长期效益和对教育质量的影响。此外，寻求政府资助和行业合作成为资金筹集的重要渠道。

第三节 展望

高校实验室管理的未来将继续被技术创新所影响。随着数字化技术的不断进步和更广泛的应用，高校实验室管理面临着新的发展趋势和挑战，实验室管理将更加依赖系统的集成和数据驱动的决策。这将带来更高的效率和更强的创新能力，为全球科研环境设定新的标准。同时，也能够预见到实验室安全和数据保护将成为未来管理中的关键挑战。这需要新的策略和解决方案来确保实验室运行的安全性。

一、未来发展趋势

1. 人工智能的深度应用

随着人工智能技术的成熟，其在实验室管理中的应用将进一步扩展，包括使用 AI 进行复杂的数据分析、实验设计优化，甚至在模拟实验获得结果。AI 的深度应用将极大提升实验室的研究能力和效率。

2. 实验室物联网的全面整合

实验室设备和系统的互联互通将变得更加普遍和高效。通过全面整合物联网，实验室能够实现设备状态的实时监控、远程控制以及更智能的资源管理，进一步减少人力成本并提高安全性。

3. 可持续实验室实践

随着全球对可持续发展的重视，实验室管理也将更加注重环保。绿色实验室、减少有害废物和降低能源消耗将成为重要趋势。

二、未解决的问题及未来研究方向

本书虽已探讨了数字化时代下的实验室管理策略和技术应用，但仍有若干关键问题需要深入研究和探索。

1. 数据安全与隐私保护

随着实验室数据量的爆炸性增长和更多数据进行云保存，如何保护这些敏感数据的安全与隐私成为迫切需要解决的问题。未来研究需要探讨更为有效的数据加密技术和隐私保护策略。

2. 人机协同的优化

虽然自动化和智能化技术大幅提高了实验室的效率，但如何更好地实现人机协同、确保技术辅助不是替代而是辅助和支撑研究人员的工作，是未来研究的重要方向。

3. 对新技术的伦理考量

高校实验室在引入先进技术如人工智能时，其伦理影响亦需评估。例如，AI 决策过程的透明度、偏见等问题需在未来的策略中得到充分考虑。

4. 远程实验室管理的挑战

尽管数字化技术支持了实验室管理的远程化，但如何在保证安全的前提下有效管理远程实验室操作，仍是一个有待深入探讨的问题。

通过以上的展望，本书希望能为未来的实验室管理提供一定的方向指引，帮助管理者、研究人员以及决策者更好地应对未来的挑战。随着技术的不断进步和科研需求的日益增长，实验室管理的数字化转型是必然的趋势。国内各高校需要抓住这一机遇，不断适应技术，以实现其科研和教育目标的最优化。

参考文献

陈文倩，宋军，颜忠诚，张志强，蓝叶芬，2019. 高校实验教学体系创新性构建研究 [J]. 实验技术与管理，36：44-46.

程和平，2020. 在中国高等教育学会实验室管理工作分会全体理事大会上的讲话 [J]. 实验室研究与探索，39：1-3.

董国强，2005. 实验室管理模式的研究与探索 [J]. 实验室研究与探索，6：93-95.

范志远，丛天落，2012. 强化资产清查促进高校资产规范化管理 [J]. 实验室研究与探索，31：423-425.

高凤新，卢士香，2014. 高校实验室仪器设备管理和使用的信息化建设 [J]. 实验室研究与探索，33：272-274.

高璇，2020. 高校实验室管理工作创新研究 [J]. 知识经济，19：2.

国务院. 促进大数据发展行动纲要[EB /OL].（2015-08-31）[2023-05-08]. https://www.gov.cn/gongbao/content/2015/content_2929345. htm

国务院. 新一代人工智能发展规划[EB /OL].（2017-07-20）[2023-05-08]. https://www.gov.cn/zhengce/content/2017-07/20/content_5211 996. htm.

国务院. 中国教育现代化 2035[EB/OL].（2019-02-23）[2023-05-09]. http://www.moe.gov.cn/jyb_xwfb/gzdt_gzdt/201902/t20190223_370857. html.

国务院. 中国教育现代化 2035［EB/OL］.（2019－02－23）［2023－10－03］. http://www. moe. gov. cn/jyb ＿ xwfb/gzdt ＿ gzdt/201902/t20190223 ＿ 370857. html.

韩坚洁，2010. 实验室仪器设备管理中存在的问题及解决措施［J］. 高校实验室工作研究，4：83.

胡晓萍，王宛苹，宋开新. 高校教学实验仪器设备利用问题的研究［J］. 高校实验室工作研究，2012：74-75.

胡征，2013. 高校经济管理类实验室建设浅析［J］. 电子制作,7：253-258.

胡征，2014. 现代实验室建设与管理指南［M］. 天津：天津科技翻译出版有限公司.

黄坤，李彦启，2015. 我国高校实验室安全管理现状分析与对策［J］. 实验室研究与探索，34：280-283.

教育部，中宣部，财政部等七部门. 教育部等部门关于进一步加强高校实践育人工作的若干意见［EB /OL].（2012－01－10）［2023－05－08］. ht-tp://www. moe. gov. cn/srcsite/A12/moe ＿ 1407/s6870/201201/t20120110 ＿ 142870. html

教育部. 国家中长期教育改革和发展规划纲要（2010—2020 年）［EB /OL].（2010－07－29）［2023－05－06］. http://www. moe. gov. cn/srcsite/A01/s7048/201007/t20100729_171904. html.

教育部. 教育信息化 2.0 行动计划［EB /OL].（2018－04－18）［2023－05－06］. http://www.moe.gov.cn/srcsite/A16/s3342/201804/t20180425_334188. html.

教育部. 教育信息化十年发展规划（2011—2020 年）［EB /OL].（2012－03－13）［2023－05－06].http://www.moe.gov.cn/srcsite/A16/s3342/201203/t20120313_133322. html.

教育部. 教育信息化"十三五"规划［EB /OL].（2016－06－07）［2023－

10-03]. http://www.moe.gov.cn/srcsite/A16/s3342/201606/t20160622_269367.html.

李鸿飞, 2024. 教育数字化转型赋能高校实验室创新发展 [J]. 中国现代教育装备, 5: 1-2.

李明弟, 鹿晓阳, 孟令君, 2011. 创新实验教学体系的构建研究 [J]. 山东建筑大学学报, 26: 512-515.

刘微, 吴菊花, 徐小武, 刘媛, 刘柏, 白庆平, 2023. 高校实验室现代化管理模式构建研究 [J]. 中国教育技术装备, 6: 8-10.

邱坤, 顾亦然, 魏莉. 高校文科实验室信息化管理系统的探究 [J]. 实验技术与管理, 2019, 36: 260-262.

苏昕, 刘秀凤, 张新亚, 2023. 基于信息链理论的高校智能实验室数据治理策略研究 [J]. 实验室研究与探索, 42: 242-246.

孙浩森, 2020. 高校实验教学管理的问题与对策 [J]. 当代教育实践与教学研究, 2: 104-105.

孙强, 杜冰清, 江姣姣, 2016. 高校实验室管理机制与人才队伍建设的探讨 [J]. 实验技术与管理, 33: 245-247.

孙一民, 李明弟, 李大勇, 2012. 我国高等教育实验教学体系研究现状 [J]. 山东建筑大学学报, 27: 250-254.

滕利荣, 孟庆繁, 2008. 高校教学实验室管理 [M]. 北京: 科学出版社.

王海英, 2007. 关于数字化教育对高等教育的影响与应对策略的思考 [J]. 文教资料, 8: 38-39.

王鑫, 2018. 高校实验教学管理现状及对策研究 [J]. 课程教育研究, 49: 230.

吴青凤, 2014. 高校实验室设备管理的研究 [J]. 实验科学与技术, 12: 164-166.

肖静，龙飞，彭涛，2022. 高校科研实验室规范化管理策略探讨 [J]. 产业与科技论坛，21：279-280.

谢强，张丹丽，2022. 高校实验室信息化管理平台建设 [J]. 数字技术与应用，40：222-224.

许安琪，2023. 高校实验室设备管理现代化的优化路径分析 [J]. 中国设备工程，21：258-260.

薛二勇，李健，黎兴成，2023. 推进中国教育数字化的战略与政策 [J]. 中国电化教育，1：25-32.

于航，2015. 浅议高校实验室技术人才的引进与培养 [J]. 教育教学论坛，6：271-272.

张蔚蔚，2024. 数字化转型推动教育变革的主要趋势——《2022 全球教育科技报告》要点解读 [J]. 当代教育与文化，16：107-116.

郑琳，2024. 高校实验室信息化平台探索与实践 [J]. 办公自动化，29：4-6.

附录 1

教育部关于印发《教育信息化 2.0 行动计划》的通知

教技〔2018〕6 号

各省、自治区、直辖市教育厅（教委），各计划单列市教育局，新疆生产建设兵团教育局，部属各高等学校：

为深入贯彻落实党的十九大精神，办好网络教育，积极推进"互联网+教育"发展，加快教育现代化和教育强国建设，我部研究制定了《教育信息化 2.0 行动计划》，现印发给你们，请结合本地、本单位工作实际，认真贯彻执行。

教育部

2018 年 4 月 13 日

教育信息化2.0行动计划

为深入贯彻落实党的十九大精神，加快教育现代化和教育强国建设，推进新时代教育信息化发展，培育创新驱动发展新引擎，结合国家"互联网+"、大数据、新一代人工智能等重大战略的任务安排和《国家中长期教育改革和发展规划纲要（2010—2020年）》《国家教育事业发展"十三五"规划》《教育信息化十年发展规划（2011—2020年）》《教育信息化"十三五"规划》等文件要求，制定本计划。

一、重要意义

党的十九大作出中国特色社会主义进入新时代的重大判断，开启了加快教育现代化、建设教育强国的新征程。站在新的历史起点，必须聚焦新时代对人才培养的新需求，强化以能力为先的人才培养理念，将教育信息化作为教育系统性变革的内生变量，支撑引领教育现代化发展，推动教育理念更新、模式变革、体系重构，使我国教育信息化发展水平走在世界前列，发挥全球引领作用，为国际教育信息化发展提供中国智慧和中国方案。新时代赋予了教育信息化新的使命，也必然带动教育信息化从1.0时代进入2.0时代。为引领推动教育信息化转段升级，提出教育信息化2.0行动计划。

教育信息化2.0行动计划是在历史成就基础上实现新跨越的内在需求。党的十八大以来，我国教育信息化事业实现了前所未有的快速发展，取得了全方位、历史性成就，实现了"三通两平台"建设与应用快速推进、教师信息技术应用能力明显提升、信息化技术水平显著提高、信息化对教育改革发展的推动作用大幅提升、国际影响力显著增强等"五大进展"，在构建教育信息化应用模式、建立全社会参与的推进机制、探索符合国情的教育信息化发展路子上实现了"三大突破"，为新时代教育信息化的进一步发展奠定了坚实的基础。

教育信息化 2.0 行动计划是顺应智能环境下教育发展的必然选择。教育信息化 2.0 行动计划是推进"互联网+教育"的具体实施计划。人工智能、大数据、区块链等技术迅猛发展，将深刻改变人才需求和教育形态。智能环境不仅改变了教与学的方式，而且已经开始深入影响到教育的理念、文化和生态。主要发达国家均已意识到新形势下教育变革势在必行，从国家层面发布教育创新战略，设计教育改革发展蓝图，积极探索新模式、开发新产品、推进新技术支持下的教育教学创新。我国已发布《新一代人工智能发展规划》，强调发展智能教育，主动应对新技术浪潮带来的新机遇和新挑战。

教育信息化 2.0 行动计划是充分激发信息技术革命性影响的关键举措。经过多年来的探索实践，信息技术对教育的革命性影响已初步显现，但与新时代的要求仍存在较大差距。数字教育资源开发与服务能力不强，信息化学习环境建设与应用水平不高，教师信息技术应用能力基本具备但信息化教学创新能力尚显不足，信息技术与学科教学深度融合不够，高端研究和实践人才依然短缺。充分激发信息技术对教育的革命性影响，推动教育观念更新、模式变革、体系重构，需要针对问题举起新旗帜、提出新目标、运用新手段、制定新举措。

教育信息化 2.0 行动计划是加快实现教育现代化的有效途径。没有信息化就没有现代化，教育信息化是教育现代化的基本内涵和显著特征，是"教育现代化 2035"的重点内容和重要标志。教育信息化具有突破时空限制、快速复制传播、呈现手段丰富的独特优势，必将成为促进教育公平、提高教育质量的有效手段，必将成为构建泛在学习环境、实现全民终身学习的有力支撑，必将带来教育科学决策和综合治理能力的大幅提高。以教育信息化支撑引领教育现代化，是新时代我国教育改革发展的战略选择，对于构建教育强国和人力资源强国具有重要意义。

二、总体要求

（一）指导思想

以习近平新时代中国特色社会主义思想为指导，全面贯彻党的十九大精神，围绕加快教育现代化和建设教育强国新征程，落实立德树人根本任务，因应信息技术特别是智能技术的发展，积极推进"互联网+教育"，坚持信息技术与教育教学深度融合的核心理念，坚持应用驱动和机制创新的基本方针，建立健全教育信息化可持续发展机制，构建网络化、数字化、智能化、个性化、终身化的教育体系，建设人人皆学、处处能学、时时可学的学习型社会，实现更加开放、更加适合、更加人本、更加平等、更加可持续的教育，推动我国教育信息化整体水平走在世界前列，真正走出一条中国特色的教育信息化发展路子。

（二）基本原则

坚持育人为本。面向新时代和信息社会人才培养需要，以信息化引领构建以学习者为中心的全新教育生态，实现公平而有质量的教育，促进人的全面发展。

坚持融合创新。发挥技术优势，变革传统模式，推进新技术与教育教学的深度融合，真正实现从融合应用阶段迈入创新发展阶段，不仅实现常态化应用，更要达成全方位创新。

坚持系统推进。统筹各级各类教育的育人目标和信息化发展需求，兼顾点与面、信息化推进与教育改革发展，实现教学与管理、技能与素养、小资源与大资源等协调发展。

坚持引领发展。构建与国家经济社会和教育发展水平相适应的教育信息化体系，支撑引领教育现代化发展，形成新时代的教育新形态、新模式、新业态。

三、目标任务

（一）基本目标

通过实施教育信息化2.0行动计划，到2022年基本实现"三全两高一大"的发展目标，即教学应用覆盖全体教师、学习应用覆盖全体适龄学生、数字校园建设覆盖全体学校，信息化应用水平和师生信息素养普遍提高，建成"互联网+教育"大平台，推动从教育专用资源向教育大资源转变、从提升师生信息技术应用能力向全面提升其信息素养转变、从融合应用向创新发展转变，努力构建"互联网+"条件下的人才培养新模式、发展基于互联网的教育服务新模式、探索信息时代教育治理新模式。

（二）主要任务

继续深入推进"三通两平台"，实现三个方面普及应用。"宽带网络校校通"实现提速增智，所有学校全部接入互联网，带宽满足信息化教学需求，无线校园和智能设备应用逐步普及。"优质资源班班通"和"网络学习空间人人通"实现提质增效，在"课堂用、经常用、普遍用"的基础上，形成"校校用平台、班班用资源、人人用空间"。教育资源公共服务平台和教育管理公共服务平台实现融合发展。实现信息化教与学应用覆盖全体教师和全体适龄学生，数字校园建设覆盖各级各类学校。

持续推动信息技术与教育深度融合，促进两个方面水平提高。促进教育信息化从融合应用向创新发展的高阶演进，信息技术和智能技术深度融入教育全过程，推动改进教学、优化管理、提升绩效。全面提升师生信息素养，推动从技术应用向能力素质拓展，使之具备良好的信息思维，适应信息社会发展的要求，应用信息技术解决教学、学习、生活中问题的能力成为必备的基本素质。加强教育信息化从研究到应用的系统部署、纵深推进，形成研究一代、示范一代、应用一代、普及一代的创新引领、压茬推进的可持续发展态势。

构建一体化的"互联网+教育"大平台。引入"平台+教育"服务模式，整合各级各类教育资源公共服务平台和支持系统，逐步实现资源平台、管理平台的互通、衔接与开放，建成国家数字教育资源公共服务体系。充分发挥市场在资源配置中的作用，融合众筹众创，实现数字资源、优秀师资、教育数据、信息红利的有效共享，助力教育服务供给模式升级和教育治理水平提升。

四、实施行动

（一）数字资源服务普及行动

建成国家教育资源公共服务体系，国家枢纽和国家教育资源公共服务平台、32 个省级体系全部连通，数字教育资源实现开放共享，教育大资源开发利用机制全面形成。

完善数字教育资源公共服务体系。建成互联互通、开放灵活、多级分布、覆盖全国、共治共享、协同服务的国家数字教育资源公共服务体系，国家枢纽连通国家教育资源公共服务平台和所有省级体系。建立国家数字教育资源公共服务体系联盟，发布系列技术和功能标准规范，探索资源共享新机制，提升数字教育资源服务供给能力，有效支撑学校和师生开展信息化教学应用。

优化"平台+教育"服务模式与能力。依托国家数字教育资源公共服务体系，初步形成覆盖全国的数字教育资源版权保护和共享交易机制，利用平台模式实现资源众筹众创，改变数字教育资源自产自销的传统模式，解决资源供需瓶颈问题。完善优课服务，发挥"一师一优课、一课一名师"示范引领作用，形成覆盖基础教育阶段所有学段、学科的生成性资源体系。升级职业教育专业教学资源库建设，丰富职业教育学习资源系统。提升慕课服务，汇聚高校、企业等各方力量，提供精品大规模在线开放课程，达成优质的个性化学习体验，满足学习者、教学者和管理者的个性化需求。

实施教育大资源共享计划。拓展完善国家数字教育资源公共服务体系，推进开放资源汇聚共享，打破教育资源开发利用的传统壁垒，利用大数据技术采集、汇聚互联网上丰富的教学、科研、文化资源，为各级各类学校和全体学习者提供海量、适切的学习资源服务，实现从"专用资源服务"向"大资源服务"的转变。

（二）网络学习空间覆盖行动

规范网络学习空间建设与应用，保障全体教师和适龄学生"人人有空间"，开展校长领导力和教师应用力培训，普及推广网络学习空间应用，实现"人人用空间"。

引领推动网络学习空间建设与应用。制订网络学习空间建设与应用规范，明确网络学习空间的定义与内涵、目标与流程、功能与管理。印发加快推进"网络学习空间人人通"的指导意见，推动各地网络学习空间的普及应用。

持续推进"网络学习空间人人通"专项培训。继续开展职业院校和中小学校长、骨干教师的"网络学习空间人人通"专项培训，在中国移动、中国电信、中国联通的支持下，培训1万名中小学校长、2万名中小学教师、3 000名职业院校校长、6 000名职业院校教师，并带动地方开展更大范围的培训。

开展网络学习空间应用普及活动。依托国家数字教育资源公共服务体系，组织广大师生开通实名制网络学习空间，促进网络学习空间与物理学习空间的融合互动。开展空间应用优秀区域、优秀学校的展示推广活动，推进网络学习空间在网络教学、资源共享、教育管理、综合素质评价等方面的应用，实现网络学习空间应用从"三个率先"向全面普及发展，推动实现"一人一空间"，使网络学习空间真正成为广大师生利用信息技术开展教与学活动的主阵地。

建设国家学分银行和终身电子学习档案。加快推进国家学分银行建设，推动基础教育、职业教育、高等教育、继续教育机构逐步实行统一的学分制，加快实现各级各类教育纵向衔接、横向互通，为每一位学习者提供能够记录、存储学习经历和成果的个人学习账号，建立个人终身电子学习档案，对学习者的各类学习成果进行统一的认证与核算，使其在各个阶段通过各种途径获得的学分可以得到积累或转换。被认定的学分，按照一定的标准和程序可累计作为获取学历证书、职业资格证书或培训证书的凭证。

（三）网络扶智工程攻坚行动

大力支持以"三区三州"为重点的深度贫困地区教育信息化发展，促进教育公平和均衡发展，有效提升教育质量，推进网络条件下的精准扶智，服务国家脱贫攻坚战略部署。

支持"三区三州"教育信息化发展。通过中国移动、中国电信、中国联通等企业和社会机构的支持，在"三区三州"等地开展"送培到家"活动，加强教育信息化领导力培训和教师信息化教学能力培训，推动国家开放大学云教室建设，开展信息化教学设备捐赠、优质数字教育资源共享、教育信息化应用服务等系列活动，落实教育扶贫和网络扶贫的重点任务，助力提升深度贫困地区教育质量和人才培养能力，服务地方、区域经济社会发展。

推进网络条件下的精准扶智。坚持"扶贫必扶智",引导教育发达地区与薄弱地区通过信息化实现结对帮扶,以专递课堂、名师课堂、名校网络课堂等方式,开展联校网教、数字学校建设与应用,实现"互联网+"条件下的区域教育资源均衡配置机制,缩小区域、城乡、校际差距,缓解教育数字鸿沟问题,实现公平而有质量的教育。

（四）教育治理能力优化行动

完善教育管理信息化顶层设计,全面提高利用大数据支撑保障教育管理、决策和公共服务的能力,实现教育政务信息系统全面整合和政务信息资源开放共享。

提高教育管理信息化水平。制订进一步加强教育管理信息化的指导意见,优化教育业务管理信息系统,深化教育大数据应用,全面提升教育管理信息化支撑教育业务管理、政务服务、教学管理等工作的能力。充分利用云计算、大数据、人工智能等新技术,构建全方位、全过程、全天候的支撑体系,助力教育教学、管理和服务的改革发展。

推进教育政务信息系统整合共享。以"互联互通、信息共享、业务协同"为目标,完成教育政务信息系统整合工作。建立"覆盖全国、统一标准、上下联动、资源共享"的教育政务信息资源大数据,打破数据壁垒,实现一数一源和伴随式数据采集。完善教育数据标准规范,促进政务数据分级分层有效共享,避免数据重复采集,优化业务管理,提升公共服务,促进决策支持。

推进教育"互联网+政务服务"。连接教育政务信息数据和社会宏观治理数据,建立教育部"互联网+政务服务"网上办事大厅,实现政务服务统一申请、集中办理、统一反馈和全流程监督,分步实施教育政务数据的共享开放,做到事项清单标准化、办事指南规范化、审查工作细则化和业务办理协同化，实现"一张表管理"和"一站式服务"，切实让百姓少跑腿、数据多跑路，增强人民群众获得感。

（五）百区千校万课引领行动

结合教育信息化各类试点和"信息技术与教育深度融合示范培育推广计划"的实施，认定百个典型区域、千所标杆学校、万堂示范课例，汇聚优秀案例，推广典型经验。

建立百个典型区域。通过推荐遴选东中西部不同地区的典型区域，培育一系列教育信息化整体推进的样本区，探索在发达地区、欠发达地区利用信息化优化教育供给的典型路径，为同类区域的发展提供参照，引领教育信息化提质升级发展。

培育千所标杆学校。分批组织遴选 100 所高等学校、300 所职业学校、1 000 所基础教育学校和一定数量的举办继续教育的学校开展示范，探索在信息化条件下实现差异化教学、个性化学习、精细化管理、智能化服务的典型途径。

遴选万堂示范课例。汇聚电教系统、教研系统等各方力量，以"一师一优课、一课一名师"活动、全国职业院校技能大赛教学能力比赛、推出国家精品在线开放课程等为依托，设定专门制作标准和评价指标，遴选万堂优秀课堂教学案例，包括 1 万堂基础教育示范课（含普通中小学校示范课、少数民族语言教材示范课、特殊教育示范课、学前教育示范课）、1 000堂职业教育示范课、200 堂继续教育示范课，推出 3 000 门国家精品在线开放课程，建设 7 000 门国家级和 1 万门省级线上线下高等教育精品课，充分发挥示范课例的辐射效能。

汇聚推广优秀案例。总结典型经验，汇聚优秀案例，分批出版教育信息化创新应用系列案例集，并通过在国家教育资源公共服务平台、中国教育电视台等渠道开设专门栏目、召开现场会、举办应用展览活动等方式进行推广。

（六）数字校园规范建设行动

通过试点探索利用宽带卫星实现边远地区学校互联网接入、利用信息化手段扩大优质教育资源覆盖面的有效途径。全面推进各级各类学校数字校园建设与应用。

推进宽带卫星联校试点行动。与中国卫通联合在甘肃省甘南藏族自治州、云南省昭通市、四川凉山彝族自治州各选择1个县开展试点，每县选择1所主体学校和4所未联网学校（教学点），免费安装"中星16号"卫星设备并连通网络，开展信息化教学和教研，为攻克边远山区、海岛等自然条件特殊地区学校联网问题、实现全部学校100%接入互联网探索路径。

促进数字校园建设全面普及。落实《职业院校数字校园建设规范》，发布中小学、高等学校数字校园建设规范，推动实现各级各类学校数字校园全覆盖。将网络教学环境纳入学校办学条件建设标准，数字教育资源列入中小学教材配备要求范围。加强职业院校、高等学校虚拟仿真实训教学环境建设，服务信息化教学需要。推动各地以区域为单位统筹建立数字校园专门保障队伍，彻底解决学校运维保障力量薄弱问题。

（七）智慧教育创新发展行动

以人工智能、大数据、物联网等新兴技术为基础，依托各类智能设备及网络，积极开展智慧教育创新研究和示范，推动新技术支持下教育的模式变革和生态重构。

开展智慧教育创新示范。协调有关部门，支持在雄安新区等一批地方积极、条件具备的地区，设立10个以上"智慧教育示范区"，开展智慧教育探索与实践，推动教育理念与模式、教学内容与方法的改革创新，提升区域教育水平，探索积累可推广的先进经验与优秀案例，形成引领教育改革发展的新途径、新模式。

构建智慧学习支持环境。加强智慧学习的理论研究与顶层设计，推进技术开发与实践应用，提高人才培养质量。大力推进智能教育，开展以学习者为中心的智能化教学支持环境建设，推动人工智能在教学、管理等方面的全流程应用，利用智能技术加快推动人才培养模式、教学方法改革，探索泛在、灵活、智能的教育教学新环境建设与应用模式。

加快面向下一代网络的高校智能学习体系建设。适应 5G 网络技术发展，服务全时域、全空域、全受众的智能学习新要求，以增强知识传授、能力培养和素质提升的效率和效果为重点，以国家精品在线开放课程、示范性虚拟仿真实验教学项目等建设为载体，加强大容量智能教学资源建设，加快建设在线智能教室、智能实验室、虚拟工厂（医院）等智能学习空间，积极探索基于区块链、大数据等新技术的智能学习效果记录、转移、交换、认证等有效方式，形成泛在化、智能化学习体系，推进信息技术和智能技术深度融入教育教学全过程，打造教育发展国际竞争新增长极。

加强教育信息化学术共同体和学科建设。与有关部门建立联合工作机制，设立长期研究项目和研究基地，形成持续支持教育信息化基础研究、应用研究和技术开发的长效机制。在协同创新中心、教育部重点实验室等建设布局中考虑建设相关研究平台，汇聚各高校、研究机构的研究基地，建立学术共同体，加强智能教学助手、教育机器人、智能学伴、语言文字信息化等关键技术研究与应用。加强教育信息化交叉学科建设，推动人才、学科、科研良性互动，实现大平台、大项目、大基地、大学科整体布局、协同发展。

（八）信息素养全面提升行动

充分认识提升信息素养对于落实立德树人目标、培养创新人才的重要作用，制定学生信息素养评价指标体系，开展规模化测评，实施有针对性地培养和培训。

制定学生信息素养评价指标体系。组织开展学生信息素养评价研究，建立一套科学合理、适合我国国情、可操作性强的学生信息素养评价指标体系和评估模型。开展覆盖东中西部地区的中小学生信息素养测评，涵盖5万名以上学生。通过科学、系统的持续性测评，掌握我国不同学段的学生信息素养发展情况，为促进信息素养提升奠定基础。

大力提升教师信息素养。贯彻落实《中共中央 国务院关于全面深化新时代教师队伍建设改革的意见》，推动教师主动适应信息化、人工智能等新技术变革，积极有效开展教育教学。启动"人工智能+教师队伍建设行动"，推动人工智能支持教师治理、教师教育、教育教学、精准扶贫的新路径，推动教师更新观念、重塑角色、提升素养、增强能力。创新师范生培养方案，完善师范教育课程体系，加强师范生信息素养培育和信息化教学能力培养。实施新周期中小学教师信息技术应用能力提升工程，以学校信息化教育教学改革发展引领教师信息技术应用能力提升培训，通过示范性培训项目带动各地因地制宜开展教师信息化全员培训，加强精准测评，提高培训实效性。继续开展职业院校、高等学校教师信息化教学能力提升培训。深入开展校长信息化领导力培训，全面提升各级各类学校管理者信息素养。

加强学生信息素养培育。加强学生课内外一体化的信息技术知识、技能、应用能力以及信息意识、信息伦理等方面的培育，将学生信息素养纳入学生综合素质评价。完善课程方案和课程标准，充实适应信息时代、智能时代发展需要的人工智能和编程课程内容。推动落实各级各类学校的信息技术课程，并将信息技术纳入初、高中学业水平考试。继续办好各类应用交流与推广活动，创新活动的内容和形式，全面提升学生信息素养。

五、保障措施

（一）加强领导，统筹推进

教育部重点组织制定宏观政策，针对各级各类教育改革发展的需要和不同地区发展情况，加强工作指导，制定标准规范。地方各级教育行政部门要进一步健全教育信息化工作领导体制，整合教育系统专业机构的力量，充分利用相关企业专业化服务的优势，探索和建立便捷高效的教育信息化技术服务支撑机制。各级各类学校应普遍施行由校领导担任首席信息官（CIO）的制度，并明确责任部门，全面统筹本校信息化的规划与发展。各地将教育信息化作为重要指标，纳入本地区教育现代化指标体系。全面开展面向区域教育信息化的督导评估和第三方评测，提升各地区和各级各类学校发展教育信息化的效率、效果和效益。

（二）创新机制，多元投入

各地要切实落实国家关于财政教育经费可用于购买信息化资源和服务的政策，加大教育信息化投入力度，将教育信息化2.0行动计划与"互联网+"、大数据、云计算、智慧城市、信息惠民、宽带中国、数字经济、新一代人工智能等工作统筹推进。要充分发挥政府和市场两个方面的作用，为推进教育信息化提供良好的政策环境和发展空间，积极鼓励企业投入资金，提供优质的信息化产品和服务，实现多元投入、协同推进。

（三）试点引领，强化培训

各地要始终坚持试点先行、典型引路的推进机制，有针对性地开展教育信息化区域综合试点和各类专项试点，总结提炼先进经验与典型模式。通过组织召开现场观摩会、举办信息化应用展览、出版优秀典型案例集等多种方式，广泛宣传推广试点取得的经验成效，形成以点带面的发展路径，发挥辐射引导效应。要将全面提升"人"的能力作为推进教育信息化

2.0行动计划的核心基础，大力开展各级各类学校教师、校长和管理者培训，扩大培训规模、创新培训模式、增强培训实效。各地要坚持传统媒体与新媒体相结合，建立全方位、多层次的长效宣传机制，营造良好的舆论氛围。

（四）开放合作，广泛宣介

继续合作开展并积极参与联合国教科文组织、联合国儿童基金会等国际组织和机构的各项教育信息化活动，不断加强共建"一带一路"国家等教育信息化国际交流与合作，积极对外宣传推广教育信息化的中国经验，注意讲好中国故事、传播中国理念，增加国际话语权。加强研究领域合作，建设外专引智基地和国际联合研究中心等平台和基地，支持我国教育信息化专家走出国门，参与相关国际组织工作和各类学术交流活动。加强实践领域国际合作，促进中外学校、校长、教师和专业机构间的交流合作，分享教学创新成果和典型经验，取长补短、协作推进。积极支持和推动我国教育信息化领域的企业走出去，提升我国教育的国际影响力。

（五）担当责任，保障安全

加强教育系统党组织对网络安全和信息化工作的领导，明确主要负责人为网络安全工作的第一负责人，建立网络安全和信息化统筹协调的领导体制，做到网络安全和信息化统一谋划、统筹推进。完善网络安全监督考核机制，将网络安全工作纳入对领导班子、干部的考核当中。以《网络安全法》等法律法规为纲，全面提高教育系统网络安全防护能力。全面落实网络安全等级保护制度，深入开展网络安全监测预警，提高网络安全态势感知水平。做好关键信息基础设施保障，重点保障数据和信息安全，强化隐私保护，建立严密保护、逐层开放、有序共享的良性机制，切实维护好广大师生的切身利益。

附录 2

教育部等部门关于进一步加强高校实践育人工作的若干意见

教思政〔2012〕1 号

各省、自治区、直辖市党委宣传部、党委教育工作部门、教育厅（教委）、财政厅、文化厅、团委，新疆生产建设兵团党委宣传部、教育局、财政局、文化局、团委，中央有关部门（单位）教育司（局），各军区、各军兵种、各总部、武警部队政治部，教育部直属各高等学校：

为全面落实《国家中长期教育改革和发展规划纲要（2010—2020年）》，深入贯彻胡锦涛总书记等中央领导同志一系列重要指示精神，现就进一步加强新形势下高校实践育人工作，提出如下意见。

一、充分认识高校实践育人工作的重要性

1. 进一步加强高校实践育人工作，是全面落实党的教育方针，把社会主义核心价值体系贯穿于国民教育全过程，深入实施素质教育，大力提高高等教育质量的必然要求。党和国家历来高度重视实践育人工作。坚持教

育与生产劳动和社会实践相结合，是党的教育方针的重要内容。坚持理论学习、创新思维与社会实践相统一，坚持向实践学习、向人民群众学习，是大学生成长成才的必由之路。进一步加强高校实践育人工作，对于不断增强学生服务国家服务人民的社会责任感、勇于探索的创新精神、善于解决问题的实践能力，具有不可替代的重要作用；对于坚定学生在中国共产党领导下，走中国特色社会主义道路，为实现中华民族伟大复兴而奋斗，自觉成为中国特色社会主义合格建设者和可靠接班人，具有极其重要的意义；对于深化教育教学改革、提高人才培养质量，服务于加快转变经济发展方式、建设创新型国家和人力资源强国，具有重要而深远的意义。

2. 进入本世纪以来，高校实践育人工作得到进一步重视，内容不断丰富，形式不断拓展，取得了很大成绩，积累了宝贵经验，但是实践育人特别是实践教学依然是高校人才培养中的薄弱环节，与培养拔尖创新人才的要求还有差距。要切实改变重理论轻实践、重知识传授轻能力培养的观念，注重学思结合，注重知行统一，注重因材施教，以强化实践教学有关要求为重点，以创新实践育人方法途径为基础，以加强实践育人基地建设为依托，以加大实践育人经费投入为保障，积极调动整合社会各方面资源，形成实践育人合力，着力构建长效机制，努力推动高校实践育人工作取得新成效、开创新局面。

二、统筹推进实践育人各项工作

3. 加强实践育人工作总体规划。实践教学、军事训练、社会实践活动是实践育人的主要形式。各高校要坚持把社会主义核心价值体系融入实践育人工作全过程，把实践育人工作摆在人才培养的重要位置，纳入学校教学计划，系统设计实践育人教育教学体系，规定相应学时学分，合理增加实践课时，确保实践育人工作全面开展。要区分不同类型实践育人形式，制定具体工作规划，深入推动实践育人工作。

4. 强化实践教学环节。实践教学是学校教学工作的重要组成部分，是深化课堂教学的重要环节，是学生获取、掌握知识的重要途径。各高校要结合专业特点和人才培养要求，分类制订实践教学标准，增加实践教学比重，确保人文社会科学类本科专业不少于总学分（学时）的15%、理工农医类本科专业不少于25%、高职高专类专业不少于50%、师范类学生教育实践不少于一个学期，专业学位硕士研究生不少于半年。要全面落实本科专业类教学质量国家标准对实践教学的基本要求，加强实践教学管理，提高实验、实习、实践和毕业设计（论文）质量。支持高等职业学校学生参加企业技改、工艺创新等实践活动。组织编写一批优秀实验教材。思想政治理论课所有课程都要加强实践环节。

5. 深化实践教学方法改革。实践教学方法改革是推动实践教学改革和人才培养模式改革的关键。各高校要把加强实践教学方法改革作为专业建设的重要内容，重点推行基于问题、基于项目、基于案例的教学方法和学习方法，加强综合性实践科目设计和应用。要加强大学生创新创业教育，支持学生开展研究性学习、创新性实验、创业计划和创业模拟活动。

6. 认真组织军事训练。组织学生进行军事训练，是实现人才培养目标不可缺少的重要环节。各高校要把军事训练作为必修课，列入教学计划，军事技能训练时间为2—3周，实际训练时间不得少于14天。要通过开展军事训练，使学生掌握基本军事技能和军事理论，增强国防观念、国家安全意识，弘扬爱国主义、集体主义和革命英雄主义精神，培养艰苦奋斗、吃苦耐劳的作风。要积极争取解放军和武警部队对学生军事训练的大力支持，认真组织实施，增强军训实效。要突出抓好国防生军政训练，纳入教学课程体系，并为国防生日常教育训练提供必要的场地设施和条件，大力支持国防生参加部队实践活动。

7. 系统开展社会实践活动。社会调查、生产劳动、志愿服务、公益活动、科技发明和勤工助学等社会实践活动是实践育人的有效载体。各高校要把组织开展社会实践活动与组织课堂教学摆在同等重要的位置，与专业学习、就业创业等结合起来，制订学生参加社会实践活动的年度计划。每个本科生在学期间参加社会实践活动的时间累计应不少于 4 周，研究生、高职高专学生不少于 2 周，每个学生在学期间要至少参加一次社会调查，撰写一篇调查报告。要倡导和支持学生参加生产劳动、志愿服务和公益活动，鼓励学生在完成学业的同时参加勤工助学，支持学生开展科技发明活动。要抓住重大活动、重大事件、重要节庆日等契机和暑假、寒假时期，紧密围绕一个主题、集中一个时段，广泛开展特色鲜明的主题实践活动。

8. 着力加强实践育人队伍建设。所有高校教师都负有实践育人的重要责任。各高校要制定完善教师实践育人的规定和政策，加大教师培训力度，不断提高教师实践育人水平。要主动聘用具有丰富实践经验的专业人才。要鼓励教师增加实践经历，参与产业化科研项目，积极选派相关专业教师到社会各部门进行挂职锻炼。要配齐配强实验室人员，提升实验教学水平。要统筹安排教师指导和参加学生社会实践活动。积极组织思想政治理论课教师、辅导员和团干部参加社会实践、挂职锻炼、学习考察等活动。教师承担实践育人工作要计算工作量，并纳入年度考核内容。

9. 积极发挥学生主动性。学生是实践育人的对象，也是开展实践教学、军事训练、社会实践活动的主体。要充分发挥学生在实践育人中的主体作用，建立和完善合理的考核激励机制，加大表彰力度，激发学生参与实践的自觉性、积极性。要支持和引导班级、社团等学生组织自主开展社会实践活动，发挥学生在实践育人中的自我教育、自我管理、自我服务作用。

10. 加强实践育人基地建设。实践育人基地是开展实践育人工作的重要载体。要加强实验室、实习实训基地、实践教学共享平台建设，依托现有资源，重点建设一批国家级实验教学示范中心、国家大学生校外实践教育基地和高职实训基地。各高校要努力建设教学与科研紧密结合、学校与社会密切合作的实践教学基地，有条件的高校要强化现场教学环节。基地建设可采取校所合作、校企联合、学校引进等方式。要依托高新技术产业开发区、大学科技园或其他园区，设立学生科技创业实习基地。要积极联系爱国主义教育基地和国防教育基地、城市社区、农村乡镇、工矿企业、驻军部队、社会服务机构等，建立多种形式的社会实践活动基地，力争每个学校、每个院系、每个专业都有相对固定的基地。

三、切实加强对实践育人工作的组织领导

11. 形成工作合力。实践育人是一项系统工程，需要各地区各部门的大力支持，需要各高校的积极努力。推动地方各级政府整合社会各方面力量，大力支持高校实践育人工作。教育部门要加大对高校实践育人工作的指导和支持力度，进一步发挥好沟通联络作用，积极促进形成实践育人合作机制。财政部门要积极支持高校实践育人工作。宣传、文化等部门要为学生参观爱国主义教育基地、文化艺术场所提供优惠条件。部队要支持学校开展军事训练，积极加强军校合作。共青团要动员和组织学生参加社会实践活动。各高校要成立由主要领导牵头的实践育人工作领导小组，把实践育人工作纳入重要议事日程和年度工作计划，统筹安排，抓好落实；要加强与企事业单位的沟通协商，为学生参加实习实训和实践活动创造条件。企事业单位支付给学生的相关报酬，可依照税收法律法规的规定，在企业所得税前扣除。

12. 加大经费投入。落实实践育人经费，是加强高校实践育人工作的根本保障和基本前提。高校作为实践育人经费投入主体，要统筹安排好教

学、科研等方面的经费，新增生均拨款和教学经费要加大对实践教学、军事训练、社会实践活动等实践育人工作的投入。要积极争取社会力量支持，多渠道增加实践育人经费投入。

13. 加强考核管理。教育部门要把实践育人工作作为对高校办学质量和水平评估考核的重要指标，纳入高校教育教学和党的建设及思想政治教育评估体系，及时表彰宣传实践育人先进集体和个人。各高校要制订实践育人成效考核评价办法，切实增强实践育人效果。要制定安全预案，大力加强对学生的安全教育和安全管理，确保实践育人工作安全有序。

14. 加强研究交流。各地各高校要定期召开实践育人经验交流会、座谈研讨会等，及时总结推广实践育人成果，研究深入推进实践育人工作的思路举措。要积极组织专家学者开展科学研究，不断探索实践育人规律，为加强高校实践育人工作提供理论支持和决策依据。各地哲学社会科学规划工作领导部门要把加强实践育人重大问题研究列入规划。

15. 强化舆论引导。要充分发挥报刊、广播、电视、互联网等新闻媒体的作用，广泛开展宣传活动，大力报道加强实践育人工作的重要性、必要性，广泛宣传实践育人工作取得的成效，积极推广加强实践育人工作的新思路、新做法、新经验，在全社会进一步形成支持鼓励大学生深入社会，在实践中成长成才的良好氛围。

各地各高校要根据上述意见，认真研究制定本地本校进一步加强实践育人工作的具体措施，抓好贯彻落实，并将贯彻情况及时报教育部。

中华人民共和国教育部 中国共产党中央委员会宣传部

中华人民共和国财政部 中华人民共和国文化部

中国人民解放军总参谋部 中国人民解放军总政治部

中国共产主义青年团中央委员会

二〇一二年一月十日

附录 3

《中国教育现代化 2035》

中共中央、国务院印发了《中国教育现代化 2035》，并发出通知，要求各地区各部门结合实际认真贯彻落实。

《中国教育现代化 2035》分为五个部分：一是战略背景；二是总体思路；三是战略任务；四是实施路径；五是保障措施。

《中国教育现代化 2035》提出推进教育现代化的指导思想是：以习近平新时代中国特色社会主义思想为指导，全面贯彻党的十九大和十九届二中、三中全会精神，坚定实施科教兴国战略、人才强国战略，紧紧围绕统筹推进"五位一体"总体布局和协调推进"四个全面"战略布局，坚定"四个自信"，在党的坚强领导下，全面贯彻党的教育方针，坚持马克思主义指导地位，坚持中国特色社会主义教育发展道路，坚持社会主义办学方向，立足基本国情，遵循教育规律，坚持改革创新，以凝聚人心、完善人格、开发人力、培育人才、造福人民为工作目标，培养德智体美劳全面发展的社会主义建设者和接班人，加快推进教育现代化、建设教育强国、办好人民满意的教育。将服务中华民族伟大复兴作为教育的重要使命，坚持教育为人民服务、为中国共产党治国理政服务、为巩固和发展中国特色社会主义制度服务、为改革开放和社会主义现代化建设服务，优先发展教育，大力推进教育理念、体系、制度、内容、方法、治理现代化，着力提高教育质量，促进教育公平，优化教育结构，为决胜全面建成小康社会、实现新时代中国特色社会主义发展的奋斗目标提供有力支撑。

《中国教育现代化 2035》提出了推进教育现代化的八大基本理念：更加注重以德为先，更加注重全面发展，更加注重面向人人，更加注重终身学习，更加注重因材施教，更加注重知行合一，更加注重融合发展，更加注重共建共享。明确了推进教育现代化的基本原则：坚持党的领导、坚持中国特色、坚持优先发展、坚持服务人民、坚持改革创新、坚持依法治教、坚持统筹推进。

《中国教育现代化 2035》提出，推进教育现代化的总体目标是：到 2020 年，全面实现"十三五"发展目标，教育总体实力和国际影响力显著增强，劳动年龄人口平均受教育年限明显增加，教育现代化取得重要进展，为全面建成小康社会作出重要贡献。在此基础上，再经过 15 年努力，到 2035 年，总体实现教育现代化，迈入教育强国行列，推动我国成为学习大国、人力资源强国和人才强国，为到本世纪中叶建成富强民主文明和谐美丽的社会主义现代化强国奠定坚实基础。2035 年主要发展目标是：建成服务全民终身学习的现代教育体系、普及有质量的学前教育、实现优质均衡的义务教育、全面普及高中阶段教育、职业教育服务能力显著提升、高等教育竞争力明显提升、残疾儿童少年享有适合的教育、形成全社会共同参与的教育治理新格局。

《中国教育现代化 2035》聚焦教育发展的突出问题和薄弱环节，立足当前，着眼长远，重点部署了面向教育现代化的十大战略任务：

一是学习习近平新时代中国特色社会主义思想。把学习贯彻习近平新时代中国特色社会主义思想作为首要任务，贯穿到教育改革发展全过程，落实到教育现代化各领域各环节。以习近平新时代中国特色社会主义思想武装教育战线，推动习近平新时代中国特色社会主义思想进教材进课堂进头脑，将习近平新时代中国特色社会主义思想融入中小学教育，加强高等学校思想政治教育。加强习近平新时代中国特色社会主义思想系统化、学理化、学科化研究阐释，健全习近平新时代中国特色社会主义思想研究成果传播机制。

二是发展中国特色世界先进水平的优质教育。全面落实立德树人根本任务，广泛开展理想信念教育，厚植爱国主义情怀，加强品德修养，增长知识见识，培养奋斗精神，不断提高学生思想水平、政治觉悟、道德品质、文化素养。增强综合素质，树立健康第一的教育理念，全面强化学校体育工作，全面加强和改进学校美育，弘扬劳动精神，强化实践动手能力、合作能力、创新能力的培养。完善教育质量标准体系，制定覆盖全学段、体现世界先进水平、符合不同层次类型教育特点的教育质量标准，明确学生发展核心素养要求。完善学前教育保教质量标准。建立健全中小学各学科学业质量标准和体质健康标准。健全职业教育人才培养质量标准，制定紧跟时代发展的多样化高等教育人才培养质量标准。建立以师资配备、生均拨款、教学设施设备等资源要素为核心的标准体系和办学条件标准动态调整机制。加强课程教材体系建设，科学规划大中小学课程，分类制定课程标准，充分利用现代信息技术，丰富并创新课程形式。健全国家教材制度，统筹为主、统分结合、分类指导，增强教材的思想性、科学性、民族性、时代性、系统性，完善教材编写、修订、审查、选用、退出机制。创新人才培养方式，推行启发式、探究式、参与式、合作式等教学方式以及走班制、选课制等教学组织模式，培养学生创新精神与实践能力。大力推进校园文化建设。重视家庭教育和社会教育。构建教育质量评估监测机制，建立更加科学公正的考试评价制度，建立全过程、全方位人才培养质量反馈监控体系。

三是推动各级教育高水平高质量普及。以农村为重点提升学前教育普及水平，建立更为完善的学前教育管理体制、办园体制和投入体制，大力发展公办园，加快发展普惠性民办幼儿园。提升义务教育巩固水平，健全控辍保学工作责任体系。提升高中阶段教育普及水平，推进中等职业教育和普通高中教育协调发展，鼓励普通高中多样化有特色发展。振兴中西部地区高等教育。提升民族教育发展水平。

四是实现基本公共教育服务均等化。提升义务教育均等化水平，建立学校标准化建设长效机制，推进城乡义务教育均衡发展。在实现县域内义务教育基本均衡基础上，进一步推进优质均衡。推进随迁子女入学待遇同城化，有序扩大城镇学位供给。完善流动人口子女异地升学考试制度。实现困难群体帮扶精准化，健全家庭经济困难学生资助体系，推进教育精准脱贫。办好特殊教育，推进适龄残疾儿童少年教育全覆盖，全面推进融合教育，促进医教结合。

五是构建服务全民的终身学习体系。构建更加开放畅通的人才成长通道，完善招生入学、弹性学习及继续教育制度，畅通转换渠道。建立全民终身学习的制度环境，建立国家资历框架，建立跨部门跨行业的工作机制和专业化支持体系。建立健全国家学分银行制度和学习成果认证制度。强化职业学校和高等学校的继续教育与社会培训服务功能，开展多类型多形式的职工继续教育。扩大社区教育资源供给，加快发展城乡社区老年教育，推动各类学习型组织建设。

六是提升一流人才培养与创新能力。分类建设一批世界一流高等学校，建立完善的高等学校分类发展政策体系，引导高等学校科学定位、特色发展。持续推动地方本科高等学校转型发展。加快发展现代职业教育，不断优化职业教育结构与布局。推动职业教育与产业发展有机衔接、深度融合，集中力量建成一批中国特色高水平职业院校和专业。优化人才培养结构，综合运用招生计划、就业反馈、拨款、标准、评估等方式，引导高等学校和职业学校及时调整学科专业结构。加强创新人才特别是拔尖创新人才的培养，加大应用型、复合型、技术技能型人才培养比重。加强高等学校创新体系建设，建设一批国际一流的国家科技创新基地，加强应用基础研究，全面提升高等学校原始创新能力。探索构建产学研用深度融合的全链条、网络化、开放式协同创新联盟。提高高等学校哲学社会科学研究水平，加强中国特色新型智库建设。健全有利于激发创新活力和促进科技成果转化的科研体制。

七是建设高素质专业化创新型教师队伍。大力加强师德师风建设，将师德师风作为评价教师素质的第一标准，推动师德建设长效化、制度化。加大教职工统筹配置和跨区域调整力度，切实解决教师结构性、阶段性、区域性短缺问题。完善教师资格体系和准入制度。健全教师职称、岗位和考核评价制度。培养高素质教师队伍，健全以师范院校为主体、高水平非师范院校参与、优质中小学（幼儿园）为实践基地的开放、协同、联动的中国特色教师教育体系。强化职前教师培养和职后教师发展的有机衔接。夯实教师专业发展体系，推动教师终身学习和专业自主发展。提高教师社会地位，完善教师待遇保障制度，健全中小学教师工资长效联动机制，全面落实集中连片特困地区生活补助政策。加大教师表彰力度，努力提高教师政治地位、社会地位、职业地位。

八是加快信息化时代教育变革。建设智能化校园，统筹建设一体化智能化教学、管理与服务平台。利用现代技术加快推动人才培养模式改革，实现规模化教育与个性化培养的有机结合。创新教育服务业态，建立数字教育资源共建共享机制，完善利益分配机制、知识产权保护制度和新型教育服务监管制度。推进教育治理方式变革，加快形成现代化的教育管理与监测体系，推进管理精准化和决策科学化。

九是开创教育对外开放新格局。全面提升国际交流合作水平，推动我国同其他国家学历学位互认、标准互通、经验互鉴。扎实推进"一带一路"教育行动。加强与联合国教科文组织等国际组织和多边组织的合作。提升中外合作办学质量。优化出国留学服务。实施留学中国计划，建立并完善来华留学教育质量保障机制，全面提升来华留学质量。推进中外高级别人文交流机制建设，拓展人文交流领域，促进中外民心相通和文明交流互鉴。促进孔子学院和孔子课堂特色发展。加快建设中国特色海外国际学校。鼓励有条件的职业院校在海外建设"鲁班工坊"。积极参与全球教育治理，深度参与国际教育规则、标准、评价体系的研究制定。推进与国际组织及专业机构的教育交流合作。健全对外教育援助机制。

十是推进教育治理体系和治理能力现代化。提高教育法治化水平，构建完备的教育法律法规体系，健全学校办学法律支持体系。健全教育法律实施和监管机制。提升政府管理服务水平，提升政府综合运用法律、标准、信息服务等现代治理手段的能力和水平。健全教育督导体制机制，提高教育督导的权威性和实效性。提高学校自主管理能力，完善学校治理结构，继续加强高等学校章程建设。鼓励民办学校按照非营利性和营利性两种组织属性开展现代学校制度改革创新。推动社会参与教育治理常态化，建立健全社会参与学校管理和教育评价监管机制。

《中国教育现代化2035》明确了实现教育现代化的实施路径：一是总体规划，分区推进。在国家教育现代化总体规划框架下，推动各地从实际出发，制定本地区教育现代化规划，形成一地一案、分区推进教育现代化的生动局面。二是细化目标，分步推进。科学设计和进一步细化不同发展阶段、不同规划周期内的教育现代化发展目标和重点任务，有计划有步骤地推进教育现代化。三是精准施策，统筹推进。完善区域教育发展协作机制和教育对口支援机制，深入实施东西部协作，推动不同地区协同推进教育现代化建设。四是改革先行，系统推进。充分发挥基层特别是各级各类学校的积极性和创造性，鼓励大胆探索、积极改革创新，形成充满活力、富有效率、更加开放、有利于高质量发展的教育体制机制。

为确保教育现代化目标任务的实现，《中国教育现代化 2035》明确了三个方面的保障措施：

一是加强党对教育工作的全面领导。各级党委要把教育改革发展纳入议事日程，协调动员各方面力量共同推进教育现代化。建立健全党委统一领导、党政齐抓共管、部门各负其责的教育领导体制。建设高素质专业化教育系统干部队伍。加强各级各类学校党的领导和党的建设工作。深入推进教育系统全面从严治党、党风廉政建设和反腐败斗争。

二是完善教育现代化投入支撑体制。健全保证财政教育投入持续稳定增长的长效机制，确保财政一般公共预算教育支出逐年只增不减，确保按在校学生人数平均的一般公共预算教育支出逐年只增不减，保证国家财政性教育经费支出占国内生产总值的比例一般不低于 4%。依法落实各级政府教育支出责任，完善多渠道教育经费筹措体制，完善国家、社会和受教育者合理分担非义务教育培养成本的机制，支持和规范社会力量兴办教育。优化教育经费使用结构，全面实施绩效管理，建立健全全覆盖全过程全方位的教育经费监管体系，全面提高经费使用效益。

三是完善落实机制。建立协同规划机制、健全跨部门统筹协调机制，建立教育发展监测评价机制和督导问责机制，全方位协同推进教育现代化，形成全社会关心、支持和主动参与教育现代化建设的良好氛围。